Mohamed Cabur

Deutsche Konversation für Araber

Rediroma-Verlag

Mohamed Cabur

Deutsche Konversation für Araber

Dialoge und Anwendung der Grammatik

المحادثة بالألمانية للعرب

تطبيقات في أصول اللفظ وقواعد اللغة

Bibliografische Information der Deutschen Nationalbibliothek:
Die Deutsche Nationalbibliothek verzeichnet diese Publikation
in der Deutschen Nationalbibliografie;
detaillierte bibliografische Daten sind im Internet
über http://dnb.ddb.de abrufbar.

ISBN 978-3-86870-995-7
Erste Auflage (Januar 2017)

www.rediroma-verlag.de
20,00 Euro (D)

Wir arbeiten stetig an einer Verbesserung des Buches. Korrekturen zur aktuellen Auflage finden Sie online unter:

http://www.rediroma-verlag.de/downloads/konversation_korrekturen_1.pdf

INHALTSVERZEICHNIS

فهرس

- Wir arbeiten stetig an einer Verbesserung des Buches. Korrekturen zur aktuellen Auflage finden Sie online unter:
http://www.rediroma-verlag.de/downloads/konversation_korrekturen_1.pdf

Mohamed Cabur,

Dr. Phil., wurde im Jahre 1937 in Argentinien geboren. Seine Eltern stammen aus Syrien. Hier hat er Arabisch gelernt. Nach seinem Abitur studierte er moderne Sprachen an der Universität Mainz in Germersheim und erwarb den akademischen Grad Dipl.-Dolmetscher und Übersetzer: Später promovierte er. In Deutschland hielt er sich von 1960 bis 1968 auf. Nach seiner Rückkehr unterrichtete er 27 Jahre Deutsch am Goethe-Institut in Damaskus.

مقدمة

لقد زاد اهتمام الطلاب العرب في السنوات الأخيرة باللغة الألمانية، وذلك رغبة منهم في متابعة الدراسة أو الإختصاص في جامعة من الجامعات الألمانية. إن عددهم يزداد يوماً بعد يوم لهذه الأسباب ولغيرها قمت بإعداد هذا الكتاب لأيسر للقارئ فهم مادةالقواعد المعقدة وبشكل خاص التعامل مع بعض المصطلحات التي يحتاجها في حياته اليومية والتي لا تتوفر بع في كتاب ما.

عزيزي القارئ، أنا على يقين بأنك ستستمتع بهذه الدورة وأنت تدقق وتنتبه إلى ما ورد في الدروس الأولى عن لفظ الحروف. لقد كانت هذه المهمة شاقة ومضنية. وسوف يعرفك هذا الكتاب على لغة غوته وشيللر الجبارة.

وهذه تحية لك متمنياً لك كل تقدم ونجاح.

محمد كبور
أستاذ في اللغات الحديثة
مدرس سابق في معهد غوته بدمشق

Lektion Eins

الدرس الأول

آ الحروف الألمانية ولفظها : Die deutschen Buchstaben und ihre Aussprache

إن بعض الحروف الألمانية تشبه العربية. استمع كيف يلفظ المدرس الأسماء الألمانية التالية، ثم كررها ولاحظ التشابه أو الخلاف بينهما:

Albert	Gustav	Minna
Anton	Hans	Otto
Anna	Heinrich	Paul
Bernhard	Jakob	Paula
Emma	Josef	Richard
Erich	Katharina	Rudolf
Franz	Lotte	Stefan
Friedrich	Ludwig	Thomas
Georg	Martha	Wilhelm

ملاحظة:

١ لاحظ أن كل حرف يلفظ بجلاء ووضوح: والحروف ليست مدغمة كما هي غالباً في الانكليزية.

٢ أن الكلمات البسيطة لها مقطع واحد منبور، وهو غالباً المقطع الأول.

٣ أن الحروف الصوتية المعدلة والتي تأخذ نقطتين (¨) Umlaut هي: u, o, a وهي تغير لفظها.

٤ جميع الأسماء تكتب بحرف كبير.

Deutsche und englische Wörter gemeinsamen Ursprungs: كلمات من أصل مشترك ب

استمع وكرر هذه الكلمات التي تشبه تلك التي تعرفها في الإنكليزية. يمكن أن نقول أنها كلمات شقيقة إذ تنحدر من نفس الجذر.

Adresse	عنوان	**Maschine**	آلة
Alkohol	كحول	**Nation**	أمة
Amerikaner	أميركي	**national**	وطنيّ
Bank	مصرف	**Oper**	أوبرا
Bad	حمام	**Operette**	أوبريت
Bett	سرير	**Papier**	ورق
Bier	بيرة، جعة	**parken**	أوقف السيارة
Butter	زبدة	**Person**	شخص
Charakter	سلوك	**Prinz**	أمير
Direktor	مدير	**Problem**	مسألة
Doktor	دكتور	**Publikum**	جمهور
Drama	مسرحية	**Radio**	مذياع
Ende	نهاية	**Restaurant**	مطعم
Export	تصدير	**Signal**	إشارة
Film	فيلم	**Station**	محطة
Garage	كراج	**Telefon**	هاتف
Gas	غاز	**Tee**	شاي
hier	هنا	**Theater**	مسرح
Hotel	فندق	**Tempel**	معبد
Hunger	جوع	**Triumph**	انتصار
Lampe	مصباح	**Tunnel**	نفق
lang	طويل	**Wolf**	ذئب
Linie	خط، صف	**Zone**	منطقة

Lektion Zwei

الدرس الثاني

آ الحروف الصوتيّة: Aussprache der Vokale

إن مجموعة الكلمات التالية ستكون لك بمثابة تمرين إضافي للتدريب على التهجئة واللفظ.

١ الحرف **a** الطويل، يلفظ كالألف في باب:

متجر	**Laden**	قال	**sagen**
سبّورة	**Tafel**	تأريخ	**Datum**

٢ الحرف **a** القصير، يلفظ كالفتحة في بَتَرَ:

ماذا؟	**was?**	استطاع	**kann**
مقلاة	**Pfanne**	رجل	**Mann**

٣ الحرف المعدل **ä** الطويل يلفظ كـ بيت في العامية دون تسكين الياء، أو كـ **ai** في الكلمة الانكليزية fair:

عملة، نقود	**Währung**	متأخر	**spät**
تغذية	**Ernährung**	شرح	**Erklärung**

٤ الحرف المعدل **ä** القصير يلفظ كالحرف **e** في الكلمة الانكليزية bet:

رجال	**Männer**

٥ (آ) الحرف الطويل **e** يلفظ كـ **ay** في "may„ :

وقف	**stehen**	أعطى	**geben**

٥ **(ب)** إن الحرفين **ee** و **eh** لفظهما طويل كالحرف **a** في "care„:

جيش	**Heer**	أكثر	**mehr**

٦ الحرف ***e*** القصير يلفظ كـ **e** في "bent„:

راهن على	**wetten**	عنوان	**Adresse**
ركض	**rennen**	برهة	**Moment**

٧ الحرف **e** في نهاية كلمة يشبه لفظ **e** في "pocket„:

بطاقة	**Karte**	كلاهما	**beide**
خاصته	**seine**	اليوم	**heute**

٨ الحرف **i** الطويل يلفظ كالياء في تين:

حب	**Liebe**	إيجار	**Miete**
لص	**Dieb**	خدم	**dienen**

٩ الحرف **i** القصير يلفظ كالكسرة في بِئْر:

نكتة	**Witz**	مع	**mit**
ظهراً	**mittags**	عادة	**Sitte**

١٠ الحرف **o** الطويل يلفظ كـ كالواو في بون:

أرض	**Boden**	فوق	**oben**
جلب	**holen**	فاكهة	**Obst**

١١ الحرف **o** القصير يلفظ كالضمة في فُلْفُل:

مادة	**Stoff**	غالباً	**oft**
ثقب	**Loch**	أتى	**kommen**

١٢ الحرف **ö** المعدل الطويل يلفظ كـ **œ** في الكلمة الفرنسية:"bœuf„

سمع	**hören**	ملك	**König**
غضبان	**böse**	أسد	**Löwe**

١٣ الحرف **ö** المعدل القصير يلفظ كـ **œ** في الفرنسية منبوراً :

رغب / أراد	**möchte**	استطاع	**können**
تنانير	**Röcke**	بنات	**Töchter**

١٤ الحرف **u** الطويل يلفظ كالواو في فول:

قبعة	**Hut**	زهرة	**Blume**
جيد	**gut**	فروج	**Huhn**

١٥ الحرف **u** القصير يلفظ كالضمة في بُلْبُل:

تجول	**bummeln**	وجب	**muss**
روسيا	**Russland**	غبي	**dumm**

١٦ الحرف **ü** المعدل الطويل يلفظ كالحرف **u** في الفرنسية:

سابقاً	**früher**	فوق	**über**
فطور	**Frühstück**	في الجانب الآخر	**drüben**

١٧ الحرف **ü** المعدل القصير يلفظ كالحرف **u** في الفرنسية منبوراً:

رقيق	**dünn**	قطعة	**Stück**
وجب	**müssen**	جسر	**Brücke**

١٨ يلفظ الحرف **y** كما يلفظ الحرف المعدل **ü**:

الشعر العاطفي	**Lyrik**	مميّز	**typisch**

ب ازدواجية الحرف الصوتي *Diphtonge*

١ إن الحروف **ai** و **ei** تلفظ كالألف والياء في **مَـايْ** ولكن مع توكيد أكبر:

وطن	**Heimat**	أيار	**Mai**
بيضة	**Ei**	وتر آلة موسيقية	**Saite**

٢ الحرفان **au** يلفظان كحرف العطف أَوْ:

شجرة	**Baum**	منزل	**Haus**
خوخ	**Pflaume**	فأر	**Maus**

٣ الحرفان **äu** والحرفان **eu** يلفظان كـ **oy** في كلمة „boy“:

ناس	**Leute**	بيوت	**Häuser**
اليوم	**heute**	حلم	**träumen**

Lektion Drei

الدرس الثالث

أ الحروف الساكنة Die Konsonanten

١ الحرف **b** يلفظ عادة كالباء في العربية:

هبة، هدية	**Gabe**	سرير	**Bett**

ومهما يكن فإن الحرف ***b*** في نهاية الكلمة يلفظ كالحرف ***p*** في الكلمةالانكليزية "trap„:

خبب	**Trab**	قبر	**Grab**

٢ الحرف **c** قبل y, ö, ä, i, e يلفظ كالحرفين ***ts*** على كل هذا التركيب أصبح نادراً .
عادة يسبق هذا الحرف الحرف **z.**
ويلفظ ***c*** أيضاً كالحرف **k** إذا سبق الحروف **u, o, a**، ولكن عادة يعوض عنه
بالحرف **k.** ويطرأ هذان اللفظان للحرف ***c*** غالباً مع الكلمات الأجنبية:

كاتو (خصم القيصر)	**Cato**	قيصر	**Cäsar**

٣ الحرف **d** يلفظ غالباً كالدال في العربية:

شمال	**Norden**	تأريخ	**Datum**

أما إذا وردفي نهاية كلمة فإنه يلفظ كالحرف ***t:***

كلب	**Hund**	حمام	**Bad**

٤ الحرف **f** يلفظ كالفاء في العربية:

نهر	**Fluss**	ذبابة	**Fliege**

٥ الحرف **g** يلفظ كالحرف غين في العربية ويلفظ كالحرف جيم في الكلمات الأجنبية:

كراج	**Garage**	حديقة	**Garten**
جنرال، لواء	**General**		

٦ الحرف **h** يلفظ كالحرف هاء في بداية الكلمة أو المقطع:

سر	**Geheimnis**	مائة	**hundert**
بـــاحتفظ بـــ	**behalten**	وطن	**Heimat**

أما في الحالات الأخرى فإنه لا يلفظ كأن يكون في نهاية الكلمة أو في نهاية مقطع:

مرح	**fröhlich**	حذاء	**Schuh**

٧ الحرف ***j*** يلفظ كالياء في العربية :

أحد ما	**Jemand**	سنة	**Jahr**

٨ الحرف **k** يلفظ كالكاف في العربية :

قبو	**Keller**	قطة	**Katze**
زبون	**Kunde**	طفل	**Kind**

٩ الحرف **l** يلفظ كاللام في العربية :

حياة	**Leben**	بلد	**Land**
رمز	**Symbol**	ذئب	**Wolf**

١٠ الحرفان **m** و **n** يلفظان كالميم والنون في العربية :

فقط	**nur**	ميل	**Meile**
ابن الأخ أو الأخت	**Neffe**	رسام، دهان	**Maler**

١١ (آ) الحرف **p** يلفظ كما في الانكليزية :

ورق	**Papier**	سعر	**Preis**

١١ (ب) إن اجتماع الحرفين **pf** يلفظ كحرف واحد ولا معادل له في لغة أخرى:

حصان	**Pferd**	وحدة المارك	**Pfennig**
مقلاة	**Pfanne**	استقبال	**Empfang**

١٢ الحرف **q** يستعمل دائماً في تركيب مع الحرف ***u*** وهو مشابه للحرف **q** في الانكليزية.

نوعية	**Qualität**	ينبوع	**Quelle**

١٣ الحرف **r** يلفظ كالراء في العربية :

نظيف	**rein**	خطبة	**Rede**

١٤ الحرف **s** يلفظ كالزين في العربية إذا سبق حرفاً صوتياً:

قشدة	**Sahne**	حلو	**süß**

أما في نهاية الكلمة يلفظ كحرف السين:

بوظة، جليد	**Eis**	فأر	**Maus**

١٥ الحرف **t** يلفظ كالتاء في العربية :

فنجان	**Tasse**	رقص	**Tanz**

ويلفظ الحرفان **th** كحرف **t** عادي:

عرش	**Thron**	مسرح	**Theater**

١٦ الحرف **v** يلفظ كالفاء في العربية في بعض الحالات:

أب	**Vater**	عصفور	**Vogel**

وفيما عدا ذلك يلفظ كالحرف **v** في الانكليزية في الكلمات من أصل لاتيني:

بركان	**Vulkan**	مزهرية	**Vase**

١٧ الحرف **w** يلفظ كالحرف **v** الانكليزية في كلمة "vain„:

سلاح	**Waffe**	نبيذ	**Wein**

١٨ الحرف **x** يلفظ كما في الانكليزية:

ساحرة	**Hexe**	فأس	**Axt**

١٩ الحرف **z** يلفظ كالحرفين المركبين **ts:**

سحر	**Zauber**	سن	**Zahn**

ب حروف ألمانية خاصة: Aussprache deutscher Sonderzeichen

تمرن على لفظ الحروف التالية التي لها معادل الانكليزية:

١ تركيب الحرفين **ch** له ثلاثة حالات لفظ:

آ يلفظ هذان الحرفان كحرف الكاف:

سلوك	**Charakter**	مسيحي	**Christ**
		جوقة	**Chor**

وإذا أتى بعد هذين الحرفين **s** لفظ كحرف الكاف أيضاً:

شمع	**Wachs**	ثعلب	**Fuchs**

ب ويلفظ هذان الحرفان كحرف شين مخفف:

ياء المتكلم	**mich**	الصين	**China**
أكيد	**sicher**	كنيسة	**Kirche**

ج ويلفظ أيضاً كالخاء في العربية إذا أتى بعد الحروف الصوتية u, o, a:

سقف	**Dach**	آه!	**Ach!**
كتاب	**Buch**	جدول ماء	**Bach**

٢ إن المقطع **-ig** إذا ورد في نهاية الكلمة يلفظ كشين خفيفة كما في كلمة **„ich“** أنا:

مذكر	**männlich**	أبدي	**ewig**
شخصياً	**persönlich**	ملك	**König**

أما إذا أتى بعد المقطع **-ig** المقطع **lich** أو الحرف **l** أصبح لفظه كالحرف **g** المشدد أو كالحرف ***k***.

يلفظ كـ k	على الأقل	**wenigstens**
يلفظ كـ g	صحيح	**richtige**
يلفظ كـ g	ملكي	**königlich**

٣ لاحظ التركيب الذي يحتوي على الحرف ***s***:

آ **sch** ويلفظ كشين في العربية:

أميركي	**amerikanisch**	كرز	**Kirsche**
سوري	**syrisch**	حذاء	**Schuh**

ب **sp** أو **st** في أول الكلمة يلفظ ألـ **s** كالشين:

اسبانيا	**Spanien**	وقف	**stehen**
مرآة	**Spiegel**	فولاذ	**Stahl**

٤ التركيب **ng** يلفظ كالمقطع ng الانكليزي في كلمة sing ولا يلفظ الحرفان أبداً منفصلين:

بدأ	**anfangen**	جلب	**bringen**

٥ التركيب **tz** يلفظ كـ **ts**:

برق	**Blitz**	قبعة	**Mütze**

٥ . التركيب **er-** إذا ورد في نهاية الكلمة لفظ كالحرف **a** الانكليزي في كلمة "father":

أب	**Vater**	أصغر	**kleiner**
طقس	**Wetter**	أجمل	**schöner**

Lektion Vier

الدرس الرابع

آ الأبجدية الألمانية: Das deutsche Alphabet

الحرف	لفظه	الحرف	لفظه	الحرف	لفظه
a	ah	j	yot	s	ess
b	beh	k	kah	t	the
c	tseh	l	ell	u	oo
d	deh	m	em	v	fau
e	eh	n	en	w	weh
f	eff	o	oh	x	iks
g	gay	p	peh	y	Üpsilon
h	hah	q	ku	z	tsett
i	ee	r	err		

ä (ah-Umlaut)
ö (oh-Umlaut)
ü (uh-Umlaut)

ب إليك مجموعة أخرى من الكلمات التي تشبه الانكليزي وهذا ما يسهل عليك تعلمها كثير منها لها نفس اللفظ ولكن هناك فرق في اللفظ أيضاً:

مباشر	**direkt**	قطر	**diagonal**
ثمر، فاكهة	**Frucht**	ساحة، مكان	**Platz**
أصلي	**original**	بلد، ريف	**Land**
مسألة	**Problem**	مركز	**Zentrum**
شمال	**Norden**	فكرة	**Idee**
غرب	**Westen**	جلد	**Leder**
شرطة	**Polizei**	مسرحية	**Drama**
ثورة	**Revolution**	مادة	**Material**
أسلوب	**Methode**	جنوب	**Süden**
أشقر	**blond**	حديقة	**Park**
دقيقة	**Minute**	مجوهرات	**Juwelen**
حادثة	**Konversation**	ذئب	**Wolf**

Priester	كاهن، خوري
Datum	تأريخ
Intelligenz	ذكاء
Automobil	سيارة
Sekunde	ثانية
Appetit	شهية
Kapitel	فصل
Medizin	طب
Instruktion	إرشاد
General	جنرال، لواء
spezial	خاص
Präsident	رئيس
Akt	عمل
modern	حديث
Klasse	صنف، نوع

Lektion Fünf
الدرس الخامس

إليك مقارنة بين الألمانية والانكليزية:

١ـ في الألمانية **k**- في الانكليزية *c*-:

Kanal	canal	قناة	**Respekt**	respect	احترام
Kolonie	colony	مستعمرة	**Direktor**	director	مدير

٢ في الألمانية **ik**- في الانكليزية **ic (s)**-:

Musik	music	قناة	**Politik**	politics	سياسة
Physik	physics	فيزياء	**Lyrik**	lyrics	شعر وجداني

٣ في الألمانية **ekt**- في الانكليزية **ect**-:

Effekt	effect	تأثير	**Objekt**	object	موضوع
Projekt	project	مشروع	**Subjekt**	subject	مادة

٤ في الألمانية **tät**, -**keit**, -**heit**- في الانكليزية **ty**-:

Schwierigkeit	difficulty	صعوبة
Notwendigkeit	necessity	ضرورة
Qualität	quality	نوعية
Freiheit	liberty	حرية
Schönheit	beauty	جمال
Autorität	authority	سلطة

٥ في الألمانية **enz**- في الانكليزية **ncy** - :

Tendenz	tendency	ميل، نزعة
Frequenz	frequency	تردد

٦ في الألمانية **ie**- في الانكليزية **y**-:

Industrie	industry	صناعة
Philosophie	philosophy	فلسفة
Geographie	geography	جغرافيا
Kopie	copy	نسخة

٧ في الألمانية **tie**- في الانكليزية **cy**-:

Diplomatie	diplomacy	الديبلوماسية
Demokratie	democracy	الديموقراطية

٨ في الألمانية **ist**- في الانكليزية **ist**-:

Journalist	journalist	صحفي
Pianist	pianist	عازف بيانو
Artist	artist	فنان

٩- في الألمانية **sch**- في الانكليزية **sh**-:

Schiff	ship	باخرة	**Wäsche**	washing	غسيل
Schuh	shoe	حذاء	**Schilling**	shilling	شيلينغ

١٠ في الألمانية **voll-** في الانكليزية **ful-** :

wundervoll	wonderful	رائع
gedankenvoll	thoughtful	بشكل مدروس

١١ في الألمانية **los-** في الانكليزية **less-** :

geruchlos	odorless	عديم الرائحة
herzlos	heartless	قاسي القلب

١٢ في الألمانية **wärts-** في الانكليزية **ward-** :

vorwärts	forward	إلى الأمام
westwärts	westward	متجه نحو الغرب

Lektion Sechs
الدرس السادس

Die Tage und die Monate — آ الأيام والأشهر

Montag	الاثنين
Dienstag	الثلاثاء
Mittwoch	الأربعاء
Donnerstag	الخميس
Freitag	الجمعة
Samstag / Sonnabend	السبت
Sonntag	الأحد

Januar	كانون الثاني
Februar	شباط
März	آذار
April	نيسان
Mai	أيار
Juni	حزيران
Juli	تموز
August	آب
September	أيلول
Oktober	تشرين الأول
November	تشرين الثاني
Dezember	كانون الأول

ب الأرقام (١ - ١٠) die Zahlen 1 bis 10

واحد	**eins**
اثنان	**zwei**
ثلاثة	**drei**
أربعة	**vier**
خمسة	**fünf**
ستة	**sechs**
سبعة	**sieben**
ثمانية	**acht**
تسعة	**neun**
عشرة	**zehn**

ج الألوان die Farben

أزرق	**blau**
أحمر	**rot**
أصفر	**gelb**
أخضر	**grün**
أبيض	**weiß**
أسود	**schwarz**
بني	**braun**
رمادي	**grau**
وردي	**rosa**
سماوي	**himmelblau**
بنفسجي	**violett**

die Himmelsrichtungen الجهات الأربع د

Norden	شمال
Süden	جنوب
Osten	شرق
Westen	غرب

Übung 1 – Was passt zusammen? | تمرين ١ - ضع الجواب المناسب!

1.	Sonntag	a	الخميس
2.	August	b	بني
3.	Mittwoch	c	عشرة
4.	grau	d	الأحد
5.	Donnerstag	e	أحمر
6.	neun	f	آب
7.	braun	g	الاثنين
8.	acht	h	تموز
9.	Juli	i	خمسة
10.	gelb	j	أبيض
11.	rot	k	رمادي
12.	Montag	l	تسعة
13.	fünf	m	الأربعاء
14.	weiß	n	أصفر
15.	zehn	o	ثمانية

Lösung الحل

1. d 2. f 3. m 4. k 5. a 6. l 7. b 8. o
9. h 10. n 11. e 12. g 13. i 14. j 15. c

Lektion Sieben

الدرس السابع

Der Gruß — آ التحية

Guten Morgen!	صباح الخير!
Herr	سيد
Herr Wagner	سيد فاغنر
Guten Morgen, Herr Wagner.	صباح الخير، سيد فاغنر
Guten Tag	نهارك سعيد / مرحباً
Guten Abend	مساء الخير!
Frau	سيدة
Frau Wagner	سيدة فاغنر
Guten Abend, Frau Wagner	مساء الخير، سيدة فاغنر.
Gute Nacht	تصبح على خير
Gute Nacht, Frau Wagner.	تصبحي على خير، سيدة فاغنر.
Wie geht es Ihnen?	كيف حالك؟
Wie geht 's?	كيف الحال؟
Wie geht es dir?	كيف حالك؟
Wie geht es Ihnen, Frau Wagner?	كيف حالك، سيدة فاغنر؟
sehr	جداً، كثيراً
gut	جيد / لا بأس
Sehr gut.	جيد جداً.
Danke.	شكراً
Dankeschön.	شكراُ جزيلاً
Sehr gut, danke.	جيد جداً، شكراً.
Sprechen Sie!	تكلم!
langsam	ببطء
Sprechen Sie langsam!	تكلم ببطء!
Sprechen Sie langsam, bitte!	تكلم ببطء من فضلك!
Wiederholen Sie!	أعد!
Wiederholen Sie, bitte!	أعد من فضلك!
danke	شكراً
vielmals	جزيلاً
Danke vielmals.	شكراً جزيلاً

Keine Ursache.	لا داع للشكر.
Ich danke Ihnen.	أشكرك.
Ich danke Ihnen dafür.	أشكرك على ذلك..
Gern geschehen.	بسرور.
Bis morgen.	إلى الغد
Bis Samstag.	حتى يوم السبت.
Bis Montag.	حتى الاثنين.
Bis Donnerstag.	حتى الخميس.
Bis heute Abend.	حتى اليوم مساء.
Bis morgen Abend.	حتى صباح الغد
Bis nächste Woche.	حتى الأسبوع القادم.
Bis später.	إلى ما بعد.
Bis gleich.	إلى اللقاء القريب.
Auf wiedersehen.	إلى اللقاء.

Wie ist das Wetter? — ب كيف الطقس؟

Wie ist das Wetter heute?	كيف الطقس اليوم؟
Es ist kalt.	إنه بارد.
Es ist heiß.	إنه حار.
Es ist kühl.	إنه يميل إلى البرودة.
Es ist warm.	إنه دافئ
Es ist windig.	تعصف الرياح.
Es ist sonnig.	إنه مشمس
Es regnet.	إنها تمطر.
Es schneit.	أثلجت السماء.
Das ist ein Hundewetter!	الطقس سيئ
Ein herrlicher Tag, nicht wahr?	إنه يوم جميل، أليس كذلك؟

Übung 2 – Was passt zusammen?			تمرين ٢ – ضع الجواب المناسب!
1.	sehr gut	a	تكلم
2.	Guten Abend	b	كيف
3.	Sprechen Sie ...	c	جزيلاً
4.	Danke.	d	أراك غداً
5.	wie ...	e	كيف حالك؟
6.	bitte	f	لا بأس
7.	viel	g	إنها تمطر
8.	Bis morgen.	h	شكراً
9.	Wie geht es Ihnen?	i	من فضلك
10.	Es regnet.	j	مساء الخير

Lösung الحل

1. f 2. j 3. a 4. h 5. b 6. i 7. c 8. d 9. e 10. g

Lektion Acht

الدرس الثامن

آ هل لديك ...؟ Haben Sie ...?

هل لديك ...؟	**Haben Sie ...?**
ماء	**Wasser**
سجائر	**Zigaretten**
نار	**Feuer**
كبريت	**Streichölzer**
ورق للكتابة	**Schreibpapier**
ورق	**Papier**
شيئ للشرب	**etwas zu trinken**
مخطط للمدينة	**einen Stadtplan**
غرفة شاغرة	**noch Zimmer frei**
دليل سياحي	**einen Reiseführer**

ب في المطعم Im Restaurant

الفطور	**Das Frühstück**
الغذاء	**Das Mittagessen**
العشاء	**Das Abendessen**
ماذا ترغب، سيدي؟	**Was wünschen Sie, mein Herr?**
مرحباً، سيدي ماذا ترغب؟	**Guten Tag, mein Herr. Was wünschen Sie?**
اجلب لي ...	**Bringen Sie mir ...**
اجلب لي لائحة الطعام من فضلك!	**Bringen Sie mir die Speisekarte, bitte!**
لائحة الطعام من فضلك!	**Die Speisekarte, bitte.**
أريد ...	**Ich möchte ...**
خبزاً	**Brot**
زبدة	**Butter**
حساءً	**Suppe**
لحماً	**Fleisch**

Rindfleisch	لحم بقر
Eier	بيضاً
Gemüse	خضار
Kartoffeln	بطاطا
Salat	سلطة
Milch	حليباً
Wein	نبيذاً
Zucker	سكراً
Salz	ملحاً
Pfeffer	فلفل
Bringen Sie mir ...	اجلب لي ...
einen Löffel	ملعقة
einen Teelöffel	ملعقة شاي
eine Gabel	شوكة
ein Messer	سكيناً
eine Serviette	فوطة
einen Teller	صحناً
ein Glas	كأساً

Ich möchte ...	أريد ...
ein Glas wasser	كأس ماء
ein (Glas) Bier	كأس بيرة
eine Tasse Tee	فنجان شاي
eine Tasse Kaffee	فنجان قهوة
eine Flasche Wein	زجاجة نبيذ
eine Flasche Mineralwasser	زجاجة مياه معدنية
eine Flasche Weisswein	زجاجة نبيذ أبيض
eine Flasche Rotwein	زجاجة نبيذ أحمر
noch ein Ei	بيضة أخرى
ein wenig davon	قليلاً من ذلك
noch ein wenig davon	قليلاً من ذلك أيضاً
noch etwas Brot	بعض الخبز الإضافي

noch ein wenig Brot	قليلاً من الخبز الإضافي
noch etwas Fleisch	بعض اللحم
noch ein wenig Fleisch	قليلاً من اللحم الإضافي
Die Rechnung, bitte!	الحساب من فضلك

Übung 3 – Was passt zusammen?			**تمرين ٣ – ضع الجواب المناسب!**
1.	Fleisch	a	اجلب لي ...
2.	Rotwein	b	كبريتاً
3.	Haben Sie ...?	c	أعطني ...
4.	Milch	d	لحماً
5.	Butter	e	بعض الماء
6.	Geben Sie mir ...	f	ناراً
7.	Streichhölzer	g	حليباً
8.	noch etwas Brot	h	نبيذاً أبيض
9.	Bringen Sie mir ...	i	نبيذاً أحمر
10.	Wasser	j	الحساب، من فضلك
11.	Feuer	k	هل لديك؟
12.	einen Reiseführer	l	زبدة
13.	Eier	m	فنجان قهوة
14.	eine Tasse Kaffee	n	خبزاً
15.	Die Rechnung, bitte.	o	دليلاً سياحياً

Lösung الحل

1. d 2. i 3. k 4. g 5. lg 6. c 7. b 8. n
9. a 10. e 11. f 12. o 13. h 14. m 15. j

Lektion Neun
الدرس التاسع

في اللغة الألمانية نوعان من الأفعال:

١ **الضعيفة أو النظامية.**
٢ **القوية أو الشاذة.**

١ تعلم lernen (فعل ضعيف)

أتعلم	**ich lerne**
تتعلم (مخاطب غير رسمي)	**du lernst**
يتعلم ، تتعلم	**er (sie, es) lernt**
نتعلم	**wir lernen**
تتعلمون / تتعلمن	**ihr lernt**
تتعلم (مخاطب رسمي)	**Sie lernen**
يتعلمون / يتعلمن	**sie lernen**

•ملاحظة:

- انتبه إلى نهايات الفعل:

-e	**Ich lerne**
-st	**du lernst**
-t	**er, sie, es lernt**
-en	**wir lernen**
-t	**ihr lernt**
-en	**Sie, sie lernen**

- إن صيغة هذه الأفعال هي في زمن الحاضر وتترجم إلى العربية: Ich lerne أنا أتعلم.

- الصيغتان du lernst و ihr lernt في المفرد والجمع نسنعملهما عندما نخاطب أصدقاء حميمين وتدعى هاتان الصيغتان بالصيغة العائلية ولاحظ أن الحرف **S** الكبير في الضمير **Sie** تستعمل هذه الصيغة مع شخص أو عدة أشخاص نجهلهم ولا تربطنا بهم علاقة شخصية وصيغة الـ **Sie** تدعى الصيغة الرسمية.

- er lernt هو يتعلم و sie lernt هي تتعلم و es lernt هو أو هي تتعلم (نعني بـ es كل اسم يحمل أداة التعريف للحيادي das)، مثلاً: das Mädchen (الفتاة)، das Kind (الطفل).

ويعني sie lernen هم يتعلمون وتستعمل مع جميع الأجناس.

هذه الصيغة هي صيغة الأمر وتستعمل مع المخاطب المفرد الذي نخاطبه بـ du.

الأمر مع حالة الـ ihr وهي مشابهة تماماً لصيغة المخاطب المفرد المضارع المرفوع. ويأتي جذر الفعل في أول الجملة ويحذف الضمير ihr.

٢ صيغة الأمر der Imperativ

تعلّم! Lerne!

هذه الصيغة هي صيغة الأمر وتستعمل مع المخاطب المفرد الذي نخاطبه ب du.

تعلّموا! Lernt!

الأمر مع حالة الـ Ihr وهي مشابهة تماماً لصيغة المخاطب المفرد المضارع المرفوع ويأتي

جذر الفعل في أول الجملة ويحذف الضمير Ihr.

تعلّم! Lernen Sie!

وهذه هي صيغة الأمر.

لا تتعلم!	(دون كلفة مفرد)	**Lerne nicht!**
لا تتعلموا!	(دون كلفة جمع)	**Lernt nicht!**
لا تتعلم!	(رسمي)	**Lernen Sie nicht!**

أعطى geben (فعل قوي)

١ صيغة المضارع المرفوع Präsens Indikativ

أعطي	ich gebe
تعطي	du gibst
يعطي / تعطي	er (sie, es) gibt
نعطي	wir geben
تعطون / تعطنّ	ihr gebt
تعطي (مخاطب رسمي)	Sie geben
يعطون / يعطنّ	sie geben

٢ صيغة الأمر Imperativ

اعط!	(دون كلفة مفرد)	Gib!
اعطوا!	(دون كلفة جمع)	Gebt!
اعط!	(رسمي)	Geben Sie!

لاحظ أن نهايات الأفعال الشاذة ليست كنهايات الأفعال النظامية. إن الحرف الصوتي في جذر الفعل يتغير مع المخاطب والغائب المفرد. إن الحروف الصوتية التي تتغير هي:
e إلى ***i***، و ***e*** إلى ***ie***، و ***a*** إلى ***ä***

- النفي **die Negation**

لنفي حالة ما نستخدم كلمة **nicht**:

تكلّم **sprechen** **(فعل قوي)**

أتكلم	**ich spreche**
لا أتكلم	**ich spreche nicht**
لا تتكلم	**du sprichst nicht**
هو لا يتكلم / هي لا تتكلم	**er (sie, es) spricht nicht**
لا نتكلم	**wir sprechen nicht**
لا تتكلمون / لا تتكلمن	**ihr sprecht nicht**
لا تتكلم (حضرتك)	**Sie sprechen nicht**
لا يتكلمون / لا يتكلمن	**sie sprechen nicht**

- الاستفهام **die Frage**

١ حين نريد السؤال نضع الفعل قبل الفاعل.

أنت تتعلم	**Sie lernen.**
أتتعلم ؟ (حضرتك)	**Lernen Sie?**
أأتعلم ؟	**Lerne ich?**
أتتعلم ؟ (أنت)	**Lernst du?** (männl.)
أتتعلمين؟ (أنتِ)	**Lernst du?** (weibl.)
أيتعلم ؟	**Lernt er?**
أتتعلم ؟ (هي)	**Lernt sie?**
أنتعلم ؟	**Lernen wir?**
أتتعلمون؟	**Lernt ihr?**
أتتعلم ؟ (حضرتكم)	**Lernen Sie?**
أيتعلمون / أيتعلمن؟	**Lernen sie?**
ألا أتعلم ؟	**Lerne ich nicht?**

Lernst du nicht?	ألا تتعلم؟ (أنت)
Lernt er nicht?	ألا يتعلم؟
Lernt sie nicht?	ألا تتعلم؟ (هي)
Lernen wir nicht?	ألا نتعلم؟
Lernt ihr nicht?	ألا تتعلمون؟
Lernen Sie nicht?	ألا تتعلم؟ (حضرتك / حضرتكم)
Lernen sie nicht?	ألا يتعلمون / ألا يتعلمن؟

Übung 1 – Wiederholung	تمرين ١ ـ مراجعة
Wählen Sie das passende Wort!	اختر الكلمة الألمانية المناسبة للمرادف في العربية.

a) sechs	b) sieben	c) fünf	١ خمسة
a) acht	b) neun	c) vier	٢ ثمانية
a) Mittwoch	b) Dienstag	c) Freitag	٣ الثلاثاء
a) Sonntag	b) Samstag	c) Montag	٤ الأحد
a) März	b) September	c) April	٥ آذار
a) Juli	b) Juni	c) Mai	٦ حزيران
a) blau	b) orange	c) rot	٧ أحمر
a) gelb	b) grün	c) grau	٨ أخضر
a) schwarz	b) braun	c) weiß	٩ أسود
a) schwarz	b) rot	c) braun	١٠ بنيّ
a) Guten Morgen	b) Guten Abend	c) Gute Nacht	١١ صباح الخير
a) danke	b) seht gut	c) viel	١٢ ممتاز
a) schon gut	b) danke	c) sehr schön	١٣ أشكرك
a) Sprechen Sie!	b) danke	c) bitte	١٤ من فضلك
a) Bis morgen	b) Auf Wiedersehen	c) Guten Tag	١٥ إلى اللقاء
a) er gibt	b) sie gibt	c) sie geben	١٦ هو يعطي

	a)	b)	c)
١٧ نحن نتعلم	a) wir lernen	b) Sie geben	c) wir geben
١٨ لا أتكلم	a) er spricht nicht	b) ich gebe	c) ich spreche nicht
١٩ هل تعطي أنت؟	a) Geben Sie?	b) Gibt er?	c) Gibt sie
٢٠ هل أعطي؟	a) Geben Sie?	b) Gebe ich?	c) Gibt er?

Lösung الحل

1. c 2. a 3. b 4. a 5. a 6. b 7. c 8. b 9. a
10. c 11. a 12. b 13. b 14. c 15. b 16. a 17. a 18. c
19. a 20. b

Lektion Zehn

الدرس العاشر

• إعراب الاسم الألماني   Deklination der deutschen Nomen

إن الأدوات، والأسماء، والصفات والضمائر تتعرض لبعض التغيرات في نهايتها ويتوقف ذلك على استعمالها في الجملة. ويدعى هذا التغيير بالإعراب. وفي الألمانية أربع حالات إعراب: حالة الرفع، حالة النصب، حالة النصب أو الجر، وحالة المضاف إليه.

١ نستعمل حالة الرفع مع المبتدأ أو الفاعل.

الكتاب هنا.	**Das Buch** ist hier.

٢ حالة المضاف إليه تستعمل للدلالة على الملكية، وتستعمل كذلك بعض حروف الجر التي تتطلب حالة المضاف إليه.

اسم المعلم (مذكر)	der Name **des Lehrers**
لون الزهرة (مؤنث)	die Farbe **der Blume**
خلال النهار	während **des Tages**

٣ أما مع حالة أل Dativ (وهي حالة المفعول به غير المباشر أو حالة الجر بالحرف) قد تأتي أيضاً مع بعض الأفعال.

الرجل مع العصا	der Mann mit **dem Stock**
تقفز السمكة من الماء.	Der Fisch springt aus **dem Wasser**.
يعطي الفتاة دمية.	Er gibt **dem Mädchen** eine Puppe.
نساعد الرجل.	Wir helfen **dem Mann**.
إنه يشكر السيدة.	Er dankt **der Frau**.

وغالباً ما تكون هذه الحالة مرتبط مع المكان.

نحن في المدينة القديمة.	Wir sind in **der Altstadt.**
الكتاب على الطاولة.	Das Buch liegt auf **dem Tisch**.

٤ حالة النصب تشمل المفعول به المباشر أو مع بعض حروف النصب.

إنها تمسك القلم.	Sie hält **die Feder**.
إنه يخترق الغابة.	Er geht durch **den Wald**.

وغالباً ما تكون هذه الحالة على علاقة مع اتجاه أو هدف:

نذهب إلى المدينة القديمة.	Wir gehen in **die Altstadt**.
نضع الكتاب على الطاولة.	Ich lege das Buch auf **den Tisch**.

- **الأداة** **Der Artikel**

إن ألأداة في اللغة الألمانية تعرفنا بالجنس النحوي للكلمة، وإعرابها، أي النهاية التي تأخذها. وتدلنا إن كان الاسم مفرداً أم جمعاً، أو أتي الاسم (فاعلاً، مفعولاً، مجروراً، إلخ ...). وبما أن هناك لغات لديها أدتان (كالفرنسية) أو أداة واحدة (كالانكليزية) أو لا أداة لها (كالروسية والصينية)، فللألمانية ثلاث أدوات . وتعرب هذه الأدوات حسب الحالات الأربع المذكورة آنفاً.

الأداة في الألمانية نوعان:

١ **أداة التعريف**، وهي تعرب كما يلي: **Der bestimmte Artikel**

	مفرد	مذكر	مؤنث	محايد
Nom.	الرفع	der	die	das
Gen.	المضاف إليه	des	der	des
Dat.	مفعول غير مباشر	dem	der	dem
Akk.	مفعول مباشر	den	die	das

	جمع	جميع الأجناس
Nom.	الرفع	die
Gen.	المضاف إليه	der
Dat.	مفعول غير مباشر	den
Akk.	مفعول مباشر	die

٢ **أداة التنكير**، وهي تعرب كما يلي: **Der unbestimmte Artikel**

	مفرد	مذكر	مؤنث	محايد
Nom.	الرفع	ein	eine	ein
Gen.	المضاف إليه	eines	einer	eines
Dat.	مفعول غير مباشر	einem	einer	einem
Akk.	مفعول مباشر	einen	eine	ein

- **إعراب الاسم** **Deklination des Nomens**

١ لاحظ أن نهايات الأسماء في صيغة المفرد لا تتعرض لأي تغيير عدا إضافة حرف
s أو **es** إلى صيغة المضاف إليه المفرد المذكر والمحايد.
ن في حالة المفعول غير المباشر (Dativ) يضاف حرف n على صيغة الجمع إلا
كان الاسم المرفوع يأخذ النهاية **s-** في الجمع.

• جمع الأسماء Die Pluralbildung

ليس لكل اسم في الألمانية صيغة جمع خاصة بها ولكن يمكن معرفة صيغة الجمع إما من الأداة أو من الصفة، أو من الاسم نفسه. وبما أن التحويل من المفرد إلى الجمع لا يكون حسب قاعدة أو نظام ثابت، لذا وجب عليك حفظ صيغة الجمع للمفردات الجديدة.

١ الأسماء المذكرة Das Maskulinum

آ إن أغلب الأسماء المؤلفة من مقطع واحد تشكل صيغة الجمع بإضافة حرف الـ ***e*** . كما أن أغلب الأسماء المذكرة والمؤنثة تأخذ النقطتين (") في صيغة الجمع وذلك على لصوتي للجذر.

قبعة	**die Hüte**	**der Hut**
كرسي	**die Stühle**	**der Stuhl**
رسالة	**die Briefe**	**der Brief**
صديق	**die Freunde**	**der Freund**
ثمرة	**die Früchte**	**die Frucht**

ب بعض الأسماء المذكرة التي تنتهي بـ ***er*** تأخذ النقطتين على الحرف الصوتي للجذر.

رجل	**die Männer**	**der Mann**
روح	**die Geister**	**der Geist**

جـ إن بعض الأسماء المذكرة المؤلفة من أكير من مقطع تشكل صيغة الجمع بإضافة ***e*** إلى نهايتها.

مســاء	**die Abende**	**der Abend**
الأحــد	**die Sonntage**	**der Sonntag**

د إن بعض الأسماء المذكرة المؤلفة التي تنتهي بـ *e* تشكل صيغة الجمع بإضافة *-en* أو *-n* على نهايتها..

der Junge	die Jungen	شاب
der Mensch	die Menschen	إنسان
der Diplomat	die Diplomaten	دبلوماسي

ه إن الأسماء المذكرة التي تنتهي بـ *-er, -en, -el* لا تتغير نهايتها عندما تجمع، ولكن البعض منها تأخذ النقطتين:

der Apfel	die Äpfel	تفاح
der Acker	die Äcker	حقل
der Lehrer	die Lehrer	مدرس
der Kuchen	die Kuchen	كاتو / كعك
der Ofen	die Öfen	مدفأة

٢ الأسماء المؤنثة Das Femininum

آ إن أغلب الأسماء المؤنثة تشكل صيغة الجمع بإضافة *en* أو *-n* على نهايتها.

die Tür	die Türen	باب
die Frage	die Fragen	سؤال
die Zeitung	die Zeitungen	جريدة

ب تأخذ بعض الأسماء النهاية **-e** أو **-e** مع النقطتين (") على آخر حرف صوتي:

die Kenntnis	die Kenntnisse	معرفة
die Frucht	die Früchte	ثمرة

جـ أما الأسماء المؤنثة المنتهية بـ **-in** فإنها تشكل صيغة الجمع بإضافة **-nen** على نهايتها.

die Ärztin	die Ärztinnen	طبيبة
die Schülerin	die Schülerinnen	تلميذة

ملاحظة: أنه من السهل التعرف على الأسماء المؤنثة إن كانت منهية **بـــ:- *-ung, -keit,***
heit-, -e,-is,- in

die Seite	صفحة / طرف	die Sauberkeit	نظافة
die Freiheit	حرية	die Übung	تمرين

٣ الأسماء المايدة Das Neutrum

آ إن بعض الأسماء المحايدة تشكل صيغة الجمع بإضافة **-er** على نهايتها أو بإضافة النقطتين فوق الحرف الصوتي للجذر:

das Bild	*die Bilder*	صورة
das Licht	*die Lichter*	ضوء
das Bad	*die Bäder*	حمّام
das Dorf	*die Dörfer*	قرية
das Haus	*die Häuser*	بيت

ب تجمع بعض الأسماء بإضافة **e-** على نهايتها:

دفتر	*die Hefte*	**das Heft**
خبز	*die Brote*	**das Brot**
عام / سنة	*die Jahre*	**das Jahr**

ج أما الأسماء المحايدة المنتهية بـــ **e-** تشكل الجمع بإضافة **n-**:

عين	*die Augen*	**das Auge**
أذن	*die Ohren*	**das Ohr**

د أما الأسماء المحايدة المنتهية بـــ ***-lein, -chen, -er, -en, -el*** لا تتغير صيغتها في الجمع:

فتاة	*die Mädchen*	**das Mädchen**
كتيّب	*die Büchlein*	**das Büchlein**
خمس (1/5)	*die Fünftel*	**das Fünftel**

د إن بعض الأسماء لا تأتي إلاّ في صيغة الجمع:

ناس	**die Leute**	عطل	**die Ferien**

٤ إليك بعض المفردات لتتعلمها:

مفرد	جمع	
der Herr	*die Herren*	سيد
das Datum	*die Daten*	تأريخ
das Gebäude	*die Gebäude*	بناية
die Mutter	*die Mütter*	والدة
das Kino	*die Kinos*	سينما
das Büro	*die Büros*	مكتب
der Bürgersteig	*die Bürgersteige*	رصيف
die Antwort	*die Antworten*	إجابة
der Verkäufer	*die Verkäufer*	بائع
die Stadt	*die Städte*	مدينة
das Hemd	*die Hemden*	قميص
der Anzug	*die Anzüge*	حلة
der Fahrstuhl	*die Fahrstühle*	مصعد
die Anweisung	*die Anweisungen*	إرشاد
der Verkehr	___________	مواصلات

• إعراب الصفة Adjektivdeklination

١ (آ): تعرب ضمائر الملكية والأداة kein كأداة التنكير:

كتاب أخي das Buch **meines Bruders**

لا يملك قبعة. Er hat **keinen Hut.**

(ب): لا تعرب الصفة الخبرية (تلك التي تأتي بعد الفعل):

الماء دافئ. Das Wasser ist **warm.**

٢ يمكن إعراب الصفات بثلاثة أشكال:

دون أداة أو ضمير. في هذه الحال تأخذ الصفة نهاية أداة التعريف، عدا الصفة المذكرة والمحايدة في حالة المضاف إليه، إذ تأخذ ***en***- بدل ***es***-

		مذكر	مؤنث
Nom.	الرفع	rot***er*** Wein	rot***e*** Tinte
Gen.	المضاف إليه	rot***en*** Weines	rot***er*** Tinte
Dat.	مفعول غير مباشر	rot***em*** Wein	rot***er*** Tinte
Akk.	مفعول مباشر	rot***en*** Wein	rot***e*** Tinte

		محايد	كل (الأجناس) جمع
Nom.	الرفع	rot***es*** Gold	rot***e*** Weine
Gen.	المضاف إليه	rot***en*** Goldes	rot***er*** Weine
Dat.	مفعول غير مباشر	rot***em*** Gold	rot***en*** Weinen
Akk.	مفعول مباشر	rot***es*** Gold	rot***e*** Weine

Du darfst mit **roter Tinte** nicht schreiben	لا يسمح لك الكتابة بحبر أحمر
Roten Wein trinken unsere Gäste nicht.	لا يشرب ضيوفنا نبيذاً أحمر.

- إن الصفات التي ترد مع أداة التعريف تأخذ النهاية **e**- في الحالات الخمس التالية:

الصفة المذكرة والمؤنثة والمحايدة المفردة في الرفع
الصفة والمؤنثة والمحايدة المفردة في حالة النصب.
الصفة المذكرة المفردة في حالة النصب والجمع والحالات الأخرى فإنها تأخذ النهاية ***en***- .

	مذكر	مؤنث
Nom.	der rot**e** Wein	die rot**e** Tinte
Gen.	des rot***en*** Weines	der rot***en*** Tinte
Dat.	dem rot***en*** Wein	der rot***en*** Tinte
Akk.	den rot***en*** Wein	die rot***e*** Tinte

	محايد	كل (الأجناس) جمع
Nom.	das rot**e** Gold	die rot***en*** Weine
Gen.	des rot***en*** Goldes	der rot***en*** Weine
Dat.	dem rot***en*** Gold	den rot***en*** Weinen
Akk.	das rot***e*** Gold	die rot***en*** Weine

Ich möchte **den roten Wein**. أريد النبيذ الأحمر.

Er kommt mit **dem roten Heft** an. لقد وصل مع دفتره الأحمر.

• بما أن التنكير لا نهاية له مع المذكر والمحايد المرفوع ومع المحايد المنصوب، أخذت الصفات نهاية أداة التعريف. إن الصفة المؤنثة في حالة الرفع والنصب تأخذ النهاية ***e***- وفيما عدا النهاية - ***en***.

		مذكر	مؤنث
Nom.	الرفع	ein rot**er** Wein	seine rot***e*** Tinte
Gen.	المضاف إليه	eines rot***en*** Weines	seiner rot***en*** Tinte
Dat.	مفعول غير مباشر	einem rot***en*** Wein	seiner rot***en*** Tinte
Akk.	مفعول مباشر	einen rot***en*** Wein	seine rot***e*** Tinte

		محايد	كل (الأجناس) جمع
Nom.	الرفع	kein rot***es*** Gold	meine rot***en*** Weine
Gen.	المضاف إليه	keines rot***en*** Goldes	meiner rot***en*** Weine
Dat.	مفعول غير مباشر	keinem rot***en*** Gold	meinen rot***en*** Weinen
Akk.	مفعول مباشر	kein rot***es*** Gold	meine rot***en*** Weine

Ein roter Wein würde gut schmecken.	قد تكون نكهة النبيذ الأحمر جيدة.
Meine roten Weine sind die feinsten.	النبيذ الأحمر لدي هو أفضلها.

• أفعل التفضيل والدرجة الأولى للتفضيل — Komparative und Superlative

يتم تشكيل صيغة أفعل التفضيل (der Komparativ) بإضافة **er-** على نهاية الصفة الأساسية، وبإضافة st- أو (est-) للحصول على الدرجة الأولى للتفضيل (der Superlativ) أما الصفات المؤلفة من مقطع واحد فإنها تأخذ إضافة إلى ما ذكر النقطتين (״) فوق حرفها الصوتي.

schlecht, schlecht**er**, schlecht**est**	سيئ، أسوأ، الأسوأ
alt, **ält**er, **ält**est	قديم، أقدم، الأقدم

- نستعمل مع المقارنة غير المتكافئة الكلمة **als**.
- إن نهايات الصفات تضاف إلى صفتي أفعل التفضيل والدرجة الأولى للتفضيل.
- هناك عدد قليل من الصفات لها صيغة أفعل تفضيل شاذة. وأغلب هذه الصفات هي التالية:

الدرجة الأولى Positiv		الدرجة الثانية Komparativ		الدرجة الثالثة Superlativ	
gern	بسرور	lieber	أفضل	der (die, das) liebste, am liebsten	الأفضل
gut	جيد	besser	أحسن	der (die, das) beste, am besten	الأحسن
groß	كبير	größer	أكبر	der (die, das) größte, am größten	الأكبر
hoch	عال	höher	أعلى	der (die, das) höchste, am höchsten	الأعلى
nah	قريب	näher	أقرب	der (die, das) nächste, am nächsten	الأقرب
viel	كثير	mehr	أكثر	der (die, das) meiste, am meisten	الأكثر

Das Mädchen ist **kleiner als** der Junge.	الفتاة أصغر من الشاب.
London ist **die größte** Stadt in Europa.	لندن أكبر مدينة في أوروبا.

Die deutschen Präpositionen • حروف الجر الألمانية

١ الحروف التالية تتطلب دائماً حالة المضاف إليه:

während	أثناء / خلال
wegen	بسبب / من جراء
statt / anstatt	بدل من / بالنيابة
trotz	بالرغم من
während des Krieges	أثناء / خلال الحرب
wegen der Leute	بسبب الناس
anstatt einer Feder	بدل قلم حبر
trotz der Kälte	بالرغم من البرد

٢ والحروف التالية تتطلب حالة النصب:

durch	خلال / عبر
für	لـ / لأجل / مقابل
gegen	ضد / حوالي
ohne	دون
um	حول، في
durch die Stadt	عبر المدينة
für den Mann	للرجل
gegen den Krieg	ضد الحرب
ohne einen Lehrer	دون مدرس
um den See	حول البحيرة

٣ وأما هذه الحروف تتطلب الحالة المسماة Dativ:

من	aus
عدا، ما عدا	außer
عند، لدى، بالقرب	bei
مع	mit
بـــ / إلى / بعد (زمان)	nach
منذ	seit
من / لـــ	von
إلى، في	zu
مقابل، مواجه	gegenüber

من المدرسة	aus der Schule
عدا الضيوف	außer den Gästen
لدى والديّ	bei meinen Eltern
بشهية جيدة	mit gutem Appetit
بعد الفطور	nach dem Frühstück
من عام واحد	seit einem Jahr
من المرفأ	von dem Hafen
إلى الأصدقاء	zu den Freunden
مقابل البريد	gegenüber der Post

٤ وهناك مجموعة أخرى من الحروف تتطلب حالة المنصوب (der Akkusativ) عندما تشير إلى اتجاه (أي إلى الانتقال من مكان إلى آخر). في هذه الحال نسأل بكلمة ?wohin إلى أين؟. وتأخذ هذه الحروف أيضاً حالة ألـــ Dativ (هنا حالة الجر) عندما تشير إلى ركون في مكان، وهنا نسأل عن الجواب بكلمة ?wo أين؟.

إلى / على	an
في / على / إلى	auf
خلف	hinter
إلى / في	in

neben	قرب
über	فوق
unter	تحت
vor	أمام / قبل
zwischen	بين

an die Ecke	إلى الزاوية
in der Ecke	في الزاوية
auf dem Land	في الريف
hinter dem Hotel	خلف الفندق
in dem Wasser	في الماء
neben der Kirche	قرب الكنيسة
über den Wolken	فوق الغيوم
unter dem Dach	تحت السقف
vor dem Rathaus	أمام البلدية
zwischen den Schultern	بين الكتفين

٥ إن بعض هذه الحروف تندمج مع أداة التعريف فتصبح:

am	بدل	an dem
im	بدل	in dem
beim	بدل	bei dem
vom	بدل	von dem
zum	بدل	zu dem
zur	بدل	zu der
ins	بدل	in das
ans	بدل	an das

• أمثلة: Beispiele

Wo liegt Rom?	أين تقع روما؟
Rom liegt **am** Tiber.	روما تقع على نهر التيبر.
Wohin fahren Sie heute?	إلى أين تسافر اليوم؟
Ich fahre **an den Strand**.	أسافر إلى الشاطئ.
Wo steht die Lampe?	أين هو المصباح؟
Auf dem Tisch.	على الطاولة.
Wohin gehen die Touristen?	أين يذهب السواح؟
Sie gehen **auf das Schiff.**	إنهم يصعدون إلى الباخرة.
Wo liegt der Garten?	أين هي الحديقة؟
Hinter dem Haus.	إنها خلف المنزل.
Wohin stellen Sie den Schirm?	أين تضع المظلة؟
Hinter die Tür.	خلف الباب.
Wo wohnt Herr Müller?	أين يسكن السيد موللر؟
Er wohnt **in dieser Straße**.	إنه يسكن في هذا الشارع.
Wohin gehen die Leute?	أين يذهب الناس؟
Sie gehen **ins Kino**.	إنهم يذهبون إلى السينما.
Wo fliegt das Flugzeug?	أين تحلق الطائرة؟
Es fliegt gerade **über den Bergen**.	إنها تحلق للتو فوق الجبال.
Wohin laufen die Kinder?	إلى أين يركض الأولاد؟
Sie laufen **über die Brücke**.	يركضون فوق الجسر.
Wo ist die Katze?	أين القطة؟
Unter dem Bett.	تحت السرير.

Wohin legt er das Heft?	أين يضع الدفتر؟
Er legt es **unter das Lineal**.	إنه يضعه تحت المسطرة.
Wo ist der Brunnen?	أين النافورة؟
Vor dem Schloss.	أمام القصر.
Wohin tragen Sie den Koffer?	إلى أين تأخذ الحقيبة؟
Vor das Hotel.	إلى أمام الفندق.
Wohin legen Sie den Bleistift?	أين تضع قلم الرصاص؟
Zwischen die Seiten des Buches.	بين صفحات الكتاب.
Wo liegt Luxemburg?	أين تقع لوكسنبورغ؟
Es liegt **zwischen** Deutschland und Frankreich.	إنها تقع بين ألمانيا وفرنسا.

Lektion Elf

الدرس الحادي عشر

• أين؟ Wo?

Verzeihung, mein Herr!	عفواً، يا سيدي!
wo	أين
ist	يكون
Wo ist es?	أين هو؟
Wo ist das Hotel?	أين هو الفندق؟
Wo ist das Restaurant?	أين هو المطعم؟
Wo ist das Telefon?	أين هو الهاتف؟
Könnten Sie mir sagen, ...?	هل بإمكانك أن تقول لي ...؟
Können Sie mir sagen, wo das Telefon ist?	أبإمكانك أن تقول لي أين الهاتف؟
Können Sie mir sagen, wo der Bahnhof ist?	يمكنك أن تقول لي أين محطة القطار؟

• هنا وهناك hier und dort

hier	هنا
dort	هناك
dort drüben	هناك على الطرف الآخر
Welche Richtung ist es?	قي أي اتجاه؟
hier entlang	هنا، على طول
dort entlang	هناك، على طول
hier hinunter	هنا، نحو الأسفل
in die / der Richtung	في ذلك الاتجاه
dort hinunter	هناك نحو الأسفل
Das ist dort entlang.	إنه هناك، على طول
Es ist nicht hier.	إنه ليس هنا
Es ist nicht dort.	إنه ليس هناك
Es ist hier.	إنه هنا
Es ist dort.	إنه هناك
Es ist dort drüben.	إنه هناك، على الطرف الآخر
Es ist dort oben.	إنه هناك، في الأعلى
Es ist hier.	إنه هنا

Kommen Sie hier hin!	تعال إلى هنا!
Bleiben Sie hier!	ابق هناك!
Warten Sie dort!	انتظر هناك!
Gehen Sie hier entlang!	اذهب من هنا، على طول!
Gehen Sie dort entlang!	اذهب من هناك، على طول!
Wer ist dort?	من هناك؟
Legen Sie es hierher!	ضعه هنا!
Legen Sie es dorthin!	ضعه هناك!

• هناك dort, da

dort	هناك
Ist er in Paris?	هل هو في باريس؟
Ja, er ist in Paris.	نعم، إنه هناك.
Ist Paul da?	هل باول هناك؟
Ja, er ist da.	نعم، إنه هناك.
Fährt er nach Frankfurt?	هل سيسافر إلى فرانكفورت؟
Ja, er fährt dorthin.	نعم، إنه سيسافر إلى هناك.
Ich will dorthin.	أسافر إلى هناك.
Ich will nicht dorthin fahren.	لن أسافر إلى هناك.
Ich wohne dort.	أسكن هناك.

• إلى البيمين، إلى اليسار ... rechts , links ...

rechts	إلى اليمين
links	إلى البسار
rechts von Ihnen	على يمينك
zu Ihrer linken	على يسارك
auf der linken Seite	على الطرف اليساري

Das ist rechts.	إنه على اليمين
Das ist links.	إنه على اليسار
Biegen Sie rechts ab.	انعطف على اليمين
Biegen Sie links ab.	انعطف على اليسار
Gehen Sie geradeaus.	سر على طول
Das ist geradeaus.	إنه على طول
Gehen Sie geradeaus.	إلى الأمام دون انحراف
Es ist direkt gegenüber.	إنه في المقابل تماماً
Es ist weiter oben.	إنه أبعد إلى الأعلى
Es ist weiter unten.	إنه أبعد إلى الأسفل
Es ist an der Ecke.	إنه على الزاوية

• قريباً وبعيداً — nah und weit

nah	قريب
nah bei	قريب من
sehr nah	قريب جداً
in der Nähe des Denkmals	بقرب التمثال
in der Nähe der Hauptstraße	قرب الشارع الرئيسي
in seiner Nähe	بقربه
Es ist sehr nah.	إنه قريب جداً
Es ist ganz in der Nähe.	إنه قريب جداً من هنا.
weit	بعيد
Ist es weit bis dorthin?	إنه بعيد للوصول إلى هناك؟
Es ist weit.	إنه بعيد.
Es ist nicht weit.	ليس بعيداً
Das ist weit von hier.	إنه بعيد من هنا.

Übung 4 – Was passt zusammen?			تمرين ٤ ـــــ ضع الجواب المناسب!
1.	Können Sie mir sagen, wo das Telefon ist?	a	إنه من هذا الطريق
2.	Wo befindet sich das Hotel?	b	إنه على اليمين
3.	Das ist hier entlang.	c	انعطف على اليسار
4.	Das ist geradeaus.	d	إنه تماماً في الجهة المقابلة
5.	Das ist zur Rechten.	e	إلى الأمام دون توقف .
6.	Er wohnt dort.	f	بامكانك أن تخبرني أين الهاتف؟
7.	Warten Sie dort!	g	أين الفندق؟
8.	Gehen Sie dort entlang!	h	إنه يسكن هنا
9.	Biegen Sie links ab!	i	ذلك ليس هنا
10.	Das ist direkt gegenüber.	j	ابق هنا!
11.	Das ist nicht weit.	k	انتظر هنا!
12.	Legen Sie es dorthin!	l	اذهب من هذا الطريق!
13.	Das ist nicht hier.	m	من هناك؟
14.	Bleiben Sie hier!	n	ضعه هناك!
15.	Wer ist dort?	o	ليس بعيداً

Lösung الحل

1. f 2. g 3. a 4. e 5. b 6. h 7. k 8. l

9. c 10. d 11. o 12. n 13. i 14. j 15. m

Lektion Zwölf
الدرس الثاني عشر

• فعل الكون Das Verb „sein“

١ أكون ich bin

أنا أكون	ich bin
أنت تكون / أنت تكونين	du bist
هو يكون	er ist
هو يكون / هي تكون	es ist
هي تكون	sie ist
نحن نكون	wir sind
أنتم تكونون / أنتنّ تكنّ	ihr seid
حضرتك تكون / حضرتكم تكونون	Sie sind
هم يكونون / هنّ يكنّ	sie sind

٢ لا أكون ich bin nicht

أنا لا أكون	ich bin nicht
أنت لا تكون / أنتِ لا تكونين	du bist nicht
هو لا يكون	er ist nicht
هو لا يكون / هي لا تكون	es ist nicht
هي لا تكون	sie ist nicht
نحن لا نكون	wir sind nicht
أنتم لا تكونون / أنتنّ لا تكنّ	ihr seid nicht
حضرتك لا تكون / حضرتكم لا تكونون	Sie sind nicht
هم لا يكونون / هنّ لا يكنّ	sie sind nicht

٣ كنّ! Sei!

كن (أنت) هادئاً!	Sei ruhig!
كن (حضرتك)!	Seien Sie!
كن هادئاً!	Seien Sie ruhig!

٤ أأكون؟ Bin ich?

أأكون؟	Bin ich?
أتكون؟	Bist du?
أيكون؟	Ist er?
أيكون؟ (هو / هي)	Ist es?
أتكون؟ (هي)	Ist sie?
أنكون؟	Sind wir?
أتكونون؟	Seid ihr?
أتكون؟ (حضرتك)	Sind Sie?
أيكونون / أيكن!	Sind sie?

٥ أين أكون؟ Wo bin ich?

أين أكون؟	Wo bin ich?
أين تكون؟	Wo bist du?
أين يكون؟	Wo ist er?
أين يكون؟ (هو / هي)	Wo ist es?
أين تكون؟ (هي)	Wo ist sie?
أين نكون؟	Wo sind wir?
أين تكونون؟	Wo seid ihr?
أين تكون؟ (حضرتك)	Wo sind Sie?
أين يكونون / أيكن!	Wo sind sie?

٦ تعلم هذه الجمل: Lernen Sie diese Sätze:

أنا أميركي.	Ich bin Amerikaner.
أنا في الغرفة.	Ich bin im Zimmer.
أنا في الفندق.	Ich bin im Hotel.
إنه هنا.	Er ist hier.
إنهم هنا.	Sie sind hier.

Sie sind dort drüben.	إنهم هناك، في الطرف الآخر.
Ich bin bereit.	أنا جاهز.
Sie ist bereit.	هي جاهزة.
Sie sind bereit.	هم جاهزون.
Sind Sie sicher, mein Herr?	هل أنت متأكد، سيدي؟
Sind Sie sicher, meine Dame?	هل أنتِ متأكدة، سيدتي؟
Sind Sie sicher, mein Fräulein?	هل أنتِ متأكدة، آنستي؟
Sind Sie sicher, meine Herren?	هل أنتم كتأكدون، سادتي؟
Sind Sie sicher, meine Damen?	هل أنتنّ متأكدات، سيداتي؟
Sind Sie Engländer?	هل أنت انكليزي؟
Ja, ich bin Engländer.	نعم، أنا انكليزي.
Nein, ich bin nicht Engländer.	كلا، لست انكليزياً.
Wie spät ist es?	كم الساعة؟
Wo sind Sie her?	من أين أنت؟
Ich bin aus Berlin.	أنا من برلين.

• ضمائر الملكية — Die Possessivartikel

تعرب ضمائر الملكية كما تعرب أداة التنكير **ein .** ,إليك الأمثلة على ضمائر الملكية **في** حالة الرفع.

• إن ضمير الملكية لا يتغير إن أتى بعده اسم مذكر أو اسم محايد:

مذكر / محايد

Wo ist **mein Buch**?	أين كتابي؟
Wo ist **dein Buch**?	أين كتابك؟
Wo ist **sein Buch**?	أين كتابه؟
Wo ist **ihr Buch**?	أين كتابها؟
Wo ist **unser Buch**?	أين كتابنا؟
Wo ist **euer Buch**?	أين كتابكم؟ أين كتابكنّ؟
Wo ist **Ihr Buch**?	أين كتابك؟ (حضرتك)
	أين كتابهم؟ أين كتابهنّ؟

مؤنث

أين قلمي؟	Wo ist **meine Feder?**
أين قلمك؟	Wo ist ***deine Feder?***
أين قلمه؟	Wo ist **seine Feder?**
أين قلمها؟	Wo ist ***ihre Feder*?**
أين قلمك؟ (حضرتك)	Wo ist **Ihre Feder?**
أين قلمنا؟	Wo ist **unsere Feder?**
أين قلمكم؟ أين قلمكنّ؟	Wo ist **eure Feder?**
أين قلمك؟ (حضرتكم)	Wo ist **Ihre Feder?**
أين قلمهم؟ أين قلمهنّ؟	Wo ist ***ihre Feder*?**

الجمع

أين كتبي؟	Wo sind **meine Bücher?**
أين كتبك؟	Wo sind ***deine Bücher?***
أين كتبه؟	Wo sind **seine Bücher?**
أين كتبها؟	Wo sind ***ihre Bücher*?**
أين كتبك؟ (حضرتك)	Wo sind **Ihre Bücher?**
أين كتبنا؟	Wo sind **unsere Bücher?**
أين كتبكم؟ أين كتبكنّ؟	Wo sind **eure Bücher?**
أين كتبك؟ (حضرتكم)	Wo sind **Ihre Bücher?**
أين كتبهم؟ أين كتبهنّ؟	Wo sind ***ihre Bücher?***

لاحظ أن ضمير الملكية للأسم المونث المفرد ولصيغة الجمع بجميع أجناسه هو واحد، ويختلف فقط الاسم الذي يليه، إذ منه نعرف إن كان ضمير الملكية مونثاً مفرداً أو جمعاً.

أين أقلامي؟	Wo sind **meine Federn?**
أين أقلامك؟	Wo sind ***deine Federn?***
أين أقلامه؟	Wo sind **seine Federn?**
أين أقلامها؟	Wo sind ***ihre Federn*?**
أين أقلامك؟ (حضرتك)	Wo sind **Ihre Federn?**
أين أقلامنا؟	Wo sind **unsere Federn?**
أين أقلامكم؟ أين أقلامكنّ؟	Wo sind **eure Federn?**

Wo sind **Ihre Federn?**	أين أقلامكم؟ (حضرتكم)
Wo sind *ihre* ***Federn?***	أين أقلامهم؟ أين أقلامهنّ؟

Übung 5 – Was passt zusammen?			تمرين ٥ ــــ ضع الجواب المناسب!
1.	Wo sind Sie her?	a	كم الساعة؟
2.	Wie spät ist es?	b	من أين أنت؟
3.	Er ist hier.	c	أين هو؟
4.	Ich bin bereit.	d	أين رسالتها؟
5.	Sind Sie sicher?	e	هم جاهزون.
6.	Wo ist er?	f	أني كتبهم؟
7.	Wo ist ihr Brief?	g	أنا جاهز.
8.	Wo sind ihre Bücher?	h	أنا في الفندق.
9.	Sie sind bereit.	i	هل أنت متأكد؟
10.	Seien Sie ruhig!	j	إنه هنا.
11.	Ich bin im Hotel.	k	أنا أميركي.
12.	Ich bin Amerikaner.	l	كن هادئاً!
13.	Ich bin nicht bereit.	m	أنا من برلين.
14.	Wir sind hier.	n	لست جاهزاً.
15.	Ich bin aus Berlin.	o	نحن هنا.

Lösung الحل

1. b	2. a	3. j	4. g	5. i	6. c	7. d	8. f
9. e	10. l	11. h	12. k	13. n	14. o	15. m	

Lektion Dreizehn
الدرس الثالث عشر

das, jenes ● هذا، ذلك

Es ist gut.	لا بأس
Das ist gut.	هذا جيد
Das ist nicht gut.	ليس جيداً، ليس صالحاً
Das ist in Ordnung.	هذا مناسب، هذا حسن
Das ist nicht in Ordnung.	الأمر على غير وجهه
Das ist schlecht.	إنه سيئ
Das ist nicht schlecht.	ليس سيئاً
Das ist klein.	هذا صغير
Das ist groß.	هذا كبير
Das ist nichts.	هذا لا شيئ، هذا عبث
Das ist schwer.	إنه صعب، ما أصعبه
Das ist leicht.	إنه سهل، ما أسهله
Das ist leicht genug.	إنه سهل جداً
Das ist sehr leicht.	إنه سهل بشكل
Das ist leichter.	هذا أيسهل
Das ist weniger schwer.	إنه أقل صعوبة
Das ist weit.	ما أبعده
Das ist nicht sehr weit.	ليس بعيداً كثيراً
Das ist in der Nähe.	إنه بالقرب
Das ist sehr in der Nähe.	إنه قريب جداً من
Das ist wenig.	هذا قليل، ما أقله
Das ist zu wenig.	إنه قليل جداً
Das ist genug.	هذا يكفي
Das ist viel.	إنه لكثير
Das ist dort.	إنه هناك
Das ist nicht dort.	ليس ذلك هناك
Das ist hier entlang.	إنه على هذا الطريق المستقيم
Das ist dort entlang.	إنه على ذلك الطريق المستقيم
Das ist für mich.	هذا لي
Das ist für dich.	هذا لك

Das ist für ihn.	هذا له
Das ist für sie.	هذا لها
Das ist für Sie.	هذا لحضرتك.
Das ist für uns.	هذا لنا
Das ist für euch.	هذا لكم
Das ist für sie.	هذا لهم
Das ist nicht für sie.	ليس هذا لهم
Das ist für die Kinder.	هذا للأطفال
Das ist es.	هذا هو

- **كيف نسأل؟** **Wie fragt man?**

- لكي نستفهم في الألمانية نضع عادة الفعل قبل الفاعل، مثال:

Er geht heute ins Kino.	سيذهب إلى السينما اليوم.
Geht er heute ins Kino?	هل سيذهب إلى السينما اليوم؟

الجملة الأولى هي جملة تأكيدية (خبرية) أما الثانية فهي استفهامية.

- ويمكننا أيضاً أن نسأل دون تغير عناصر الجملة موقعها في الجملة، مضيفين إليها فقط إشارة الاستفهام. في هذه الحال تظهر نبرة المتكلم وتبدو الجملة وكأن فيها شيئ من الاندهاش.

Er geht heute ins Kino?	هو سيذهب إلى السينما اليوم؟

• ولكن عندما نسأل باسم استفهام يبقى الفعل في المرتبة الثانية وهو يسبق الفاعل.
مثال:

1	2	3		
Wann	**kommt**	**Hans**	nach Hause?	متى يعود هانس إلى المنزل؟
Wohin	**fährst**	**du**	heute Nachmittag?	إلى أين ستسافر اليوم بعد الظهر؟

• إليك أسئلة أخرى: andere Fragen:

Ist es das?	هل هذا هو؟
Das ist es?	هذا هو؟
Das ist wahr.	هذا صحيح.
Das ist wahr?	هذا صحيح؟
Wo ist es?	أين هو؟
Sind Sie bereit?	هل أنت مستعد؟
Sind sie bereit?	هل هم مستعدون؟
Kommen Sie?	أستأتي؟
Haben Sie Zigaretten?	هل معك سجائر؟
Haben Sie Feuer?	ألديك ولعة (نار)؟
Sprechen Sie Englisch?	أتتكلم الانكليزية؟
Sprechen Sie Deutsch?	أتتكلم الألمانية؟

• مفردات لتعلمها Wortschatz

Asien	آسيا
alt	قديم، مسنّ
Feld (das)	حقل
Alpen (die)	جبال الألب
August (der)	شهر آب
Lektion (die)	درس
Nase (die)	أنف

Bär (der)	دبّ
Tiger (der)	نمر
Elefant (der)	فيل
Instruktion (die)	إرشاد
energisch	نشيط
Instrument (das)	آلة
Regiment (das)	سيادة / حكم
Geige (die)	كمان
Palast (der)	قصر
Terrase (die)	شرفة
national	وطني
Sardine (die)	سردين (سمك)
Skandal (der)	فضيحة

Lektion Vierzehn

الدرس الرابع عشر

• فعل الملكية Das Verb „haben“

• أملك ich habe

أنا أملك	ich habe
أنت تملك	du hast
هو يملك	er hat
هي تملك	sie hat
نحن نملك	wir haben
أنتم تملكون، أنتن تملكن	ihr habt
أنت تملك (حضرتك)	Sie haben
هم يملكون، هن يملكن	sie haben

• لا أملك ich habe nicht

أنا لا أملك	ich habe nicht
أنت لا تملك	du hast nicht
هو لا يملك	er hat nicht
هي لا تملك	sie hat nicht
نحن لا نملك	wir haben nicht
أنتم لا تملكون، أنتن لا تملكن	ihr habt nicht
أنت لا تملك (حضرتك)	Sie haben nicht
هم لا يملكون، هن لا يملكن	sie haben nicht

Lernen Sie diese Ausdrücke!	**• تعلم هذه التعابير**
Ich habe etwas.	أملك شيئاً ما / لدي البعض
Ich habe nichts.	لا أملك شيئاً
Ich habe Geld.	لدي نقود
Ich habe genug Geld.	لدي نقود كافية
Ich habe kein Geld.	ليست لدي نقود
Ich habe genug Zeit.	لدي وقت كاف
Sie haben keine Zeit.	لا وقت لديهم
Ich habe Hunger.	أنا جوعان
Er hat Hunger.	هو جوعان
Ich habe Durst.	أنا عطشان
Er hat recht.	هو على حق
Er hat unrecht.	هو على باطل
Sie haben recht.	هم على حق
Sie hat Angst.	إنها خائفة
Ich habe Zahnschmerzen.	أسناني تؤلمني
Sie hat Kopfschmerzen.	لديها صداع

Habe ich?	**• أأملك؟**
habe ich?	أأملك؟
hast du?	اتملك؟
hat er?	أيملك؟
hat sie?	أتملك؟ (هي)
haben wir?	أنملك؟
habt ihr?	أتملكون؟ أتملكن؟
haben Sie?	أتملك؟ (حضرتك)
haben sie?	أيملكون؟ أيملكن؟

- ألا أملك؟ — Habe ich nicht?

ألاأملك؟	habe ich nicht?
الا تملك؟	hast du nicht?
ألا يملك؟	hat er nicht?
ألا تملك؟ (هي)	hat sie nicht?
ألا نملك؟	haben wir nicht?
ألا تملكون؟ ألا تملكن؟	habt ihr nicht?
ألا تملك؟ (حضرتك)	haben Sie nicht?
ألا يملكون؟ ألا يملكن؟	haben sie nicht?

- تعلم هذه الجمل: — Lernen Sie diese Sätze:

ألديه نقود؟	Hat er Geld?
ألديها نقود كافية؟	Hat sie genug Geld?
ألديه أصدقاء في برلين؟	Hat er Freunde in Berlin?
ألديك قلم رصاص؟	Haben Sie einen Bleistift?
ألديك قلم ناشف؟	Haben Sie einen Kugelschreiber?
ألديك طابع بريدي؟	Haben Sie eine Briefmarke?
ألديك بعض الورق؟	Haben Sie etwas Papier?
ألديك سجائر؟	Haben Sie Zigaretten?
ألديك نار؟	Haben Sie Feuer?
ألديك كبريت؟	Haben Sie Streichhölzer?
ألديك مخطط للمدينة؟	Haben Sie einen Stadtplan?
ما لديك؟	Was haben Sie?
ما لديه؟	Was hat er?
ألديك وقت لتتكلم معي؟	Haben Sie Zeit, mit mir zu sprechen?

• يوجد ... Es gibt ...

Es gibt ...	يوجد ...
Es gibt etwas.	يوجد شيئ ما
Es gibt nichts hier.	لا يوجد شيئ هنا / لا شيئ هنا.
Es gibt nichts mehr.	لم يعد هناك شيئ.
Es gibt nichts mehr davon.	لم يعد شيئ من ذلك.
Es gibt keine Antwort.	لا جواب هناك.
Es gibt keinen Unterschdied.	لا فرق هناك.
Es gibt keine Schwierigkeiten.	لا صعوبات هناك.
Niemand ist dort.	لا أحد هناك.
Niemand ist hier.	لا أحد هنا.
Sind Briefe für mich da?	هل هناك رسائل لي؟
Ist Post da?	أهناك بريد؟
Ist Post für mich da?	أهناك بريد لي؟
Sind viele Menschen da?	هل هناك أشخاص كثيرون؟
Gibt es ein Telefon hier?	أيوجد هاتف هنا؟
Gibt es ein Restaurant in der Nähe?	أهناك مطعم في القرب؟
Gibt es eine Apotheke in der Nähe?	أهناك صيدلية في القرب.
Gibt es ein Café in der Nähe?	أهناك مقهى في القرب؟
Hier sind vier Personen.	هنا أربعة أشخاص.

• من قبل، منذ vor

من	vor
من ساعة / من قبل ساعة	vor einer Stunde
من ساعتين	vor zwei Stunden
من ثلاث ساعات	vor drei Stunden
من يوم / من قبل يوم	vor einem Tag
من يومين	vor zwei Tagen
من ثلاثة أسابيع	vor drei Wochen
من خمسة أشهر	vor fünf Monaten
من خمس سنوات	vor fünf Jahren
من عشر سنوات	vor zehn Jahren
من زمن بعيد	vor langer Zeit
من زمن بعيد جداً	vor ziemlich langer Zeit
ليس بعيداً	vor nicht langer Zeit
من زمن قصير	vor kurzer Zeit

• أيضاً auch

أيضاً	auch
أنا أيضاً	ich auch
أنت أيضاً	du auch
هو أيضاً	er auch
هي أيضاً	sie auch
نحن أيضاً	wir auch
أنتم أيضاً، أنتن أيضاً	ihr auch
حضرتك أيضاً	Sie auch
هم أيضاً، هن أيضاً	sie auch
سيأتي أيضاً	Er kommt auch.
سيأتون أيضاً	Sie kommen auch.

Er tut es auch.	سيفعل ذلك أيضاً
Ich komme auch.	سآتي أيضاً
Sie sind so groß wie die anderen.	هم كبار كالآخرين
Sie sind nicht so klein wie die anderen.	ليسوا صغاراً كالآخرين
Das ist nicht so gut wie das andere.	ليس هذا بجودة الآخر
Das ist nicht so groß wie das andere.	ليس هذا كبيراً كالآخر
Kommen Sie so schnell wie möglich!	تعال بأسرع ما يمكن!
Tun Sie es so schnell wie möglich!	افعل ذلك بالسرعة الممكنة!
Machen Sie es so gut wie möglich!	افعل ذلك بأفضل ما تستطيع!

Übung 6 – Was passt zusammen?			تمرين 6 ضع الجواب المناسب!
1.	Ich habe genug Zeit.	a	عفواً / لا شكر على واجب
2.	Er hat recht.	b	لا جواب هناك
3.	Ich brauche das.	c	لا فرق هناك
4.	Er hat unrecht.	d	لا صعوبات هناك
5.	Ihm ist kalt.	e	هل هناك رسائل لي؟
6.	Ich habe Hunger.	f	لا أحد هنا
7.	Ich bin zwanzig Jahre alt.	g	من يوم مضى
8.	Ich habe Durst.	h	منذ ثلاثة أيام
9.	Wie alt sind Sie?	i	من زمن بعيد
10.	Wie viel haben Sie davon?	j	تعال بسرعة من فضلك!
11.	Hat er Freunde in Paris?	k	لا أملك شيئاً
12.	Ich habe nichts.	l	لدي وقت كاف
13.	Sie haben recht.	m	إنه جوعان
14.	Was hat er?	n	أنا عطشان
15.	Seit drei Tagen.	o	إنه يشعر بالبرد
16.	Es gibt keinen Unterschied.	P	إنه على حق
17.	Es gibt keine Schwierigkeiten.	q	إنه مخطئ
18.	Keine Ursache.	r	أنت على حق
19.	Vor langer Zeit.	s	أحتاج إلى ذلك
20.	Niemand ist hier.	t	عمري عشرون عاماً
21.	Kommen Sie bitte schnell!	u	ألديه أصدقاء في باريس؟
22.	Sind Briefe für mich da?	v	ما به؟
23.	Vor einem Tag.	w	كم عمرك؟
24.	Keine Antwort.	x	ألديك الكثير منه؟

Lösung الحل

1. l	2. p	3 . s	4. q	5. o	6. m	7. t	8. n
9. w	10. x	11. u	12. k	13. r	14. v	15. h	16. c
17. d	18. a	19. i	20. f	21. j	22. e	23. g	24. b

Lektion Fünfzehn
الدرس الخامس عشر

• هل تتكلم الألمانية؟ Sprechen Sie Deutsch?

أتتكلم الألمانية؟	Sprechen Sie Deutsch?
كلا، لا أتكلم الألمانية.	Nein, ich spreche nicht Deutsch.
لا أتكلم الألمانية جيداً.	Ich spreche nicht gut Deutsch.
سيئ	schlecht
سيئ جداً	sehr schlecht
قليلاً	ein wenig
نعم، أتكلم قليلاً.	Ja, ich spreche ein wenig.
قليلاً جداً	sehr wenig
أتكلم قليلاً جداً	Ich spreche sehr wenig.
بضعة كلمات.	Ein paar Wörter.
فقط بعض الكلمات.	Nur ein paar Wörter.
أتفهم؟	Verstehen Sie?
كلا، لا أفهم.	Nein, ich verstehe nicht.
لا أفهم بشكل جيد.	Ich verstehe nicht sehr gut.
لا أفهم الألمانية بشكل جيد.	Ich verstehe Deutsch nicht sehr gut.
نعم، أفهم.	Ja, ich verstehe.
نعم، أفهم قليلاً.	Ja, ich verstehe ein wenig.
أقرأ ولكني لا أستطيع التكلم.	Ich lese, aber ich kann nicht sprechen.
أتفهم؟	Verstehen Sie?
على الاطلاق.	Überhaupt nicht.
أتكتبها؟	Schreiben Sie es?
كيف تكتبها؟	Wie schreiben Sie es?
لا أعرف تلك الكلمة.	Ich kenne dieses Wort nicht.

• من فضلك، تكلم ببطء! Bitte, sprechen Sie langsamer!

بإمكانك	würden Sie
تكلم	sprechen
ببطء أكثر	etwas langsamer
أبإمكانك أن تتكلم ببطء أكثر؟	Würden Sie etwas langsamer sprechen?
إذا تكلمت ببطء يمكنني فهمك.	Wenn Sie langsam sprechen, kann ich Sie verstehen.
من فضلك / رجاءً	bitte
أبإمكانك أن تتكلم ببطء؟	Würden Sie etwas langsamer sprechen?
أرجوك.	Ich bitte Sie.
أرجو أن تتكلم ببطء.	Ich bitte Sie, etwas langsamer zu sprechen.
أيمكنك تكرار ذلك من فضلك؟	Würden Sie das bitte wiederholen?
من فضلك، تكلم ببطء!	Bitte, sprechen Sie langsam!
من فضلك، تكلم بشكل أبطأ.	Bitte, sprechen Sie langsamer!

• ماذا قلت؟ Was haben Sie gesagt?

ماذا قلت؟	Was haben Sie gesagt?
أعد ذلك، من فضلك!	Wiederholen Sie, bitte!
عفواً، ماذا قلت؟	Wie bitte, was haben Sie gesagt?
كيف تقول ذلك في الألمانية؟	Wie sagen Sie das auf Deutsch?
كيف تقول "شكرا" في الألمانية؟	Wie sagt man „Thank you“ auf Deutsch?
ماذا تريد أن تقول؟	Was wollen Sie sagen?

• شكراً Danke

Danke.	شكراً
Ich danke Ihnen.	أشكرك
Ich danke Ihnen vielmals.	شكراً جزيلاً
Keine Ursache.	عفواً / لا داع للشكر
Dankeschön.	جزيل الشكر
Bitteschön.	العفو
Entschuldigen Sie, bitte.	المعذرة، من فضلك
Bitte sehr.	عفواً
Gestatten Sie?	أتسمح؟
Bitte sehr!	طبعاً
Ich bitte Sie.	أرجوك
Wie bitte?	كيف؟
Verzeihung, was sagen Sie?	عفواً، ماذا تقول؟
Auf Wiedersehen!	إلى اللقاء
Auf baldiges Wiedersehen!	إلى اللقاء القريب!
Bis heute Abend.	إلى اللقاء اليوم مساءً

• مفردات لتتعلمها Wortschatz

Äquator (der)	خط الاستواء
backen	عجن / خبز
Ballon (der)	بالون / منطاد
Gras (das)	عشب / حشيش
Problem (das)	مسألة / مشكلة
Weise (die)	أسلوب / طريقة
Arm (der)	ذراع
Honig (der)	عسل
Winter (der)	الشتاء
Sommer (der)	الصيف

Übung 7 – Was passt zusammen?			تمرين ٧ ــــ ضع الجواب المناسب!
1.	Schreiben Sie!	a	كلا، لا أتكلم الألمانية
2.	Nein, ich spreche nicht Deutsch.	b	بضعة كلمات
3.	Ich verstehe Deutsch nicht gut.	c	هل تفهم؟
4.	Verstehen Sie?	d	لا أفهم الألمانية جيداً
5.	Ein paar Wörter.	e	أكتب!
6.	Könnten Sie das wiederholen?	f	كيف تكتب ذلك؟
7.	Wie sagt man „Thank you" auf Deutsch?	g	لا أعرف تلك الكلمة
8.	Was wollen Sie sagen?	h	كيف تقول شكراً: في الألمانية؟
9.	Wie schreiben Sie es?	i	ماذا تريد أن تقول؟
10.	Ich kenne das Wort nicht.	j	هل تفضلت بتكرار ذلك؟

Lösung الحل

1. e 2. a 3. d 4. c 5. b 6. j 7. h 8. i 9. f 10. g

Lektion Sechzehn
الدرس السادس عشر

- هذا، هذه، ذلك، تلك **dieser, dieses, diese**

إن أسماء الإشارة **dieser, dieses, diese** لها نفس إعراب الأدوات der, das, die:

هذه الحلة	**dieser Anzug**
هذه الليلة	**diese Nacht**
نهاية الأسبوع هذه	**dieses Wochenende**
هذا الرجل	**dieser Mann**
هذه الإمرأة	**diese Frau**
هذا الطفل	**dieses Kind**

للتعبير عن "ذلك أو تلك" على خلاف "هذا وهذه" تستعمل في الألمانية ببساطة der, das, die وذلك بتشديد خاص على اللفظ.

Dieser Tisch ist breit und der ist schmal.

هذه الطاولة عريضة وتلك ضيقة.

Diese Wand ist dick und die ist dünn.

هذا الحائط سميك وذلك رقيق.

Dieses Kleid ist lang und das ich kurz.

هذا الفستان طويل وذلك قصير.

- **dieser** و **der** قابلة للتبادل، إذ بإمكانك أن تقول:

Der Tisch ist breit und dieser ist schmal.

Dieser Hund ist groß und der ist klein.

Diese Katze ist grau und die ist schwarz.

Das Bild ist gut und dieses ist schlecht.

أن كلاً من **dieser و der** تأتي بمعنى "هذا" أو "ذاك" ، مع أن المفهوم الأساسي لـــ **dieser** هو "هذا".

Übung 8 – Was passt zusammen?			تمرين ٨ ــــــ ضع الجواب المناسب!
1.	Ich bevorzuge diesen.	a	ماذا يعني ذلك؟
2.	Was bedeutet das?	b	هذا يخصني
3.	Geben Sie mir das!	c	هذا بديهي
4.	Dieses gehört mir und das gehört Ihnen.	d	ليس هذا هو
5.	Das hängt davon ab.	e	هذا يخصني وذلك يخصك
6.	Das ist es nicht.	f	اعطني ذلك!
7.	Wie geht's?	g	لا فرق لدي
8.	Das ist sebstverständlich.	h	هذا مرتبط بذلك
9.	Das ist mir gleich.	i	كيف الحال؟
10.	Dieses gehört mir.	j	أفضّل هذا

Lösung الحل

1. j 2. a 3. f 4. e 5. h 6. d 7. i 8. c 9. g 10. b

- **Negationswörter لا، لم، ليس، لن، ولا**

Das ist nicht gut.	ليس هذا جيداً.
Es ist nicht schlecht.	إنه ليس سيئاً.
Das ist es nicht.	ليس هذا هو.
Es ist nicht hier.	إنه ليس هنا.
Das ist nicht zu viel.	ليس هذا بالكثير.
Nicht zu schnell.	لا تسرع.
Nicht viel.	ليس كثيراً.
Nicht viele.	ليس عديداً.
Nicht genug.	ليس كافياً.
Nicht oft.	ليس دائماً.
Noch nicht.	ليس بعد.

Überhaupt nicht.	أبداً / على الاطلاق.
Er fährt nicht zu schnell.	لا يقود بسرعة كبيرة.
Wir haben nicht viele.	لا نملك العديد.
Das ist nicht genug.	هذا ليس كافياً.
Ich gehe nicht oft.	لا أذهب كثيراً.
Er ist noch nicht hier.	لم يأت بعد.
Das ist überhaupt nicht wahr.	هذا ليس صحيحاً على الاطلاق.
Ich habe keine Zeit.	لا وقت لدي.
Ich weiß nicht, wie.	لا أعرف كيف.
Ich weiß nicht, wo.	لا أعرف أين.
Ich weiß überhaupt nichts.	لا أعلم شيئاً البتة.
Er hat nichts gesagt.	لم يقل شيئاً.

• لا شيئ، أبداً، فقط، إلخ ... — nichts, niemals, nur ...

Nicht wahr?	أليس كذلك؟
Das ist schön, nicht wahr?	هذا جميل، أليس كذلك؟
Sie kommen, nicht wahr?	سيأتون، أليس كذلك؟
Sie haben genug davon, nicht wahr?	يملكون الكفاية منها، أليس كذلك؟
Sie haben keine, nicht wahr?	أنت لا تملك واحدة، أليس كذلك؟
Sie sind damit einverstanden, nicht wahr?	أنت موافق على ذلك، أليس كذلك؟

Übung 9 – Was passt zusammen?			تمرين ٩ ـــــ ضع الجواب المناسب!
1.	Das ist es nicht.	a	لا أرى أحداً
2.	Ich weiß nicht, wann.	b	لدي فقط مائة ماركاً
3.	Ich habe keine Zeit.	c	أمامك ساعة واحدة فقط.
4.	Er sieht nichts.	d	ستأتي، أليس كذلك؟
5.	Sie kommen, nicht wahr?	e	أنت لا تملك أية واحدة، أليس كذلك؟
6.	Sie haben nur eine Stunde.	f	إنه ليس هو.
7.	Ich sehe niemanden.	g	لا وقت لدي.
8.	Ich habe nur hundert Mark.	h	لا أعلم متى.
9.	Sie haben keine davon, nicht wahr?	i	لم يقل شيئاً.
10.	Er hat nichts gesagt.	j	لا يرى شيئاً.

Lösung الحل

1. f 2. h 3. g 4. j 5. d 6. c 7. a 8. b 9. e 10. i

Wortschatz • مفردات لتتعلمها

Symphatie (die)	تعاطف	packen	حزم / رزم
illustrieren	زيّن بالرسوم	Gott (der)	إله
Gymnastik (die)	رياضة الجمباز	Brust (die)	صدر
Kristall (das)	كريستال	Lokomotive (die)	قاطرة
frieren	برد / جمد	Fahrzeug (das)	عربة

Lektion Siebzehn

الدرس السابع عشر

- **هذا أنا (الضمائر الشخصية كفاعل)** — **Personalpromomen als Subjekt**

Ich bin es.	هذا أنا
Du bist es.	هذا أنت
Er ist es.	هذا هو
Sie ist es.	هذه هي
Wir sind es.	هؤلاء نحن
Ihr seid es.	هؤلاء أنتم / أنتن
Sie sind es.	هذا حضرتك
Sie sind es.	هولاء هم / هنّ

- **إنه لي (ضمائر الملكية)** — **Das ist mein... (Possessivpronomen)**

Es ist meiner (meine, meines)	إنه / إنها لي
Es ist deiner (-e, -es)	إنه / إنها لك
Es ist seiner (-e, -es)	إنه / إنها له
Es ist ihr (-er, -e, -es)	إنه / إنها لها
Es ist unser (-er, -e, -es)	إنه / إنها لنا
Es ist euer (-er, -e, -es)	إنه / إنها لكم / لكنّ
Es ist Ihr (-er, -e, -es)	إنه / إنها لحضرتك
Es ist ihr (-er, -e, -es)	إنه / إنها لهم / لهنّ

• إعراب الضمائر الشخصية   Deklination der Personalpronomen

مفرد

Nom.	مرفوع	**ich**	**du**	**er**	**sie, Sie, es**
Dat.	منصوب / مجرور	**mir**	**dir**	**ihm**	**ihr, Ihr, ihm**
Akk.	منصوب	**mich**	**dich**	**ihn**	**sie, Sie, es**

جمع

Nom.	مرفوع	**wir**	**ihr**	**Sie**	**sie**
Dat.	منصوب / مجرور	**uns**	**euch**	**Ihnen**	**ihnen**
Akk.	منصوب	**uns**	**euch**	**Sie**	**Sie**

• أمثلة   Beispiele:

Ich gebe **dir** *ein Buch.*	أعطيك كتاباً.
Er spricht mit **mir**.	إنه يتكلم معي.
Sie liebt **mich**.	هي تحبني.
Du sprichst mit **ihm**.	أنت تتكلم معه.
Er hat **dich** gern.	إنه يحبك.
Wir geben **ihr** *Blumen.*	نعطيها زهوراً.
Wir haben mit **ihr** gesprochen.	تكلمنا معها.
Ihr habt *es* **ihm** gegeben.	أعطيتموه ذلك.
Er gibt **Ihnen** *eine Feder.*	يعطيك قلماً.
Sie haben **ihnen** *Geld* gegeben.	أعطاهم نقوداً.
Ich habe **euch** *etwas* gegeben.	أعطيتكم شيئاً ما.
Er hat **uns** nicht sprechen lassen.	لم يسمح لنا بالكلام.

- تعلم هذه التعابير — Lernen Sie diese Ausdrücke:

يتكلم معي	Er spricht mit mir.
يتكلم معك	Er spricht mit dir.
يتكلم معه	Er spricht mit ihm.
يتكلم معها	Er spricht mit ihr.
يتكلم معنا	Er spricht mit uns.
يتكلم معكم ، معكنّ	Er spricht mit euch.
يتكلم مع حضرتك	Er spricht mit Ihnen.
يتكلم معهم ، معهنّ	Er spricht mit ihnen.

- أتكلم عنك ... — Ich spreche von dir ...

أتكلم عنك.	Ich spreche von dir.
تتكلم عني.	Du sprichst von mir.
يتكلم عنه.	Er spricht von ihm.
هي تتكلم عنه.	Sie spricht von ihm.
يتكلمون عنها (الناس).	Man spricht von ihr.
نتكلم عنك.	Wir sprechen von Ihnen.
يتكلمون عنا.	Sie sprechen von uns.
يتكلمون عنهم.	Sie sprechen von ihnen.

- أفكر فيك — Ich denke an dich.

أفكر فيك.	Ich denke an dich.
أفكر فيه.	Ich denke an ihn.
تفكر فيها.	Du denkst an sie.
يفكر فينا.	Er denkt an uns.
نفكر فيك (حضرتك).	Wir denken an Sie.

• يعطيني إياه — **Er gibt es mir.**

Er gibt es mir.	إنه يعطيني إياه.
Er gibt es dir.	إنه يعطيك إياه.
Er gibt es ihm.	إنه يعطيه إياه.
Er gibt es ihr.	إنه يعطيها إياه.
Er gibt es uns.	إنه يعطينا إياه.
Er gibt es Ihnen.	إنه يعطيك إياه (حضرتك).
Er gibt es ihnen.	إنه يعطيهم إياه.

• أعطني إياه — **! Geben Sie es mir!**

Geben Sie es mir!	إعطني إياه!
Geben Sie es ihm!	إعطه إياه!
Geben Sie es uns!	إعطنا إياه!
Geben Sie es ihnen!	إعطهم إياه!
Geben Sie das!	إعط ذلك!
Geben Sie das mir!	إعطني إياه!
Geben Sie das ihm!	إعطه إياه!
Geben Sie das uns!	إعطنا إياه!
Geben Sie das ihnen!	إعطهم إياه!

• الضمائر المنعكسة — **Die reflexiven Pronomen**

Ich wasche mich.	أغتسل
Du wäschst dich.	تغتسل
Er wäscht sich.	يغتسل
Sie wäscht sich.	تغتسل (هي)
Wir waschen uns.	نغتسل
Ihr wascht euch.	تغتسلون
Sie waschen sich.	تغتسل (حضرتك)
Sie waschen sich.	يغتسلون، تغتسلن

لاحظ أن في الألمانية نوع من الجمل يكون فيها الفاعل والمفعول نفس الشخص. ويأتي المفعول به في هذه الجمل بشكل ضمير يسمى الضمير المنعكس. وهناك أفعال يكون الضمير المنعكس فيها في حالة النصب قابلاً للتبديل باسم.

Ich setze mich.	أجلس
Ich unterhalte mich.	أتجاذب أطراف الحديث
Ich erinnere mich.	أتذكر
Ich freue mich.	انشرح صدري
Ich irre mich.	أخطئ
Ich langweile mich.	أسأم، أمل
Ich amüsiere mich.	أتسلى، أتلهى
Ich ziehe mich an.	ألبس، أرتدي
Ich rasiere mich.	أحلق ذقني.

Übung 10 – Was passt zusammen?			**تمرين ١٠ ـــــ ضع الجواب المناسب!**
1.	Geben Sie ihr das!	a	تسرني رؤيتك ثانية.
2.	Er spricht von ihm.	b	أشتري لي قبعة.
3.	Sie sprechen von ihnen.	c	أصدقاؤنا يتسلون.
4.	Er gibt es ihnen.	d	يغتسل.
5.	Unsere Freunde amüsieren sich	e	أتذكرها.
6.	Ich unterhalte mich.	f	يعطيهم إياه.
7.	Ich erinnere mich an sie.	g	أتجاذب أطراف الحديث.
8.	Ich kaufe mir einen Hut.	h	يتكلم عنه.
9.	Er wäscht sich.	i	إعطها إياه!
10.	Ich freue mich, Sie wiederzusehen,	j	يتكلمون عنهم.

Lösung الحل

1. i 2. h 3. j 4. f 5. c 6. g 7. e 8. b 9. d 10. a

Lektion Achtzehn

الدرس الثامن عشر

• مرحباً، كيف الحال؟ — Guten Tag, wie geht es?

Guten Tag.	مرحباً / نهارك سعيد
Guetn Morgen.	صباح الخير
Guten Tag, Herr Müller.	مرحباً، يا سيد مولر
Wie geht es Ihnen?	كيف حالك؟
Danke, gut. Danke, sehr gut.	شكراً، جيد / شكراً، ممتاز.
Nicht besonderes.	ليس كما يجب
Und Ihnen? (Und wie geht es Ihnen?)	وكيف حالك أنت؟
Nicht schlecht.	لا بأس.
Nicht schlecht, danke.	لا بأس، شكراً.
Danke, es geht.	شكراً، لا بأس
Danke, es geht mir gut.	شكراً، حالتي جيدة.

• أحب أن أعرفك على ... — Ich möchte Sie ... vorstellen.

Ich möchte Sie Frau Müller vorstellen. — أحب أن أقدمك للسيدة موللر.

Gestatten Sie, dass ich Ihnen Frau Müller vorstelle?

أتسمح لي بأن أقدم لك السيدة موللر؟

Gestatten Sie, dass ich Ihnen Herrn Müller vorstelle?

أتسمح لي بأن أقدم لك السيد موللر

Sehr erfreut.	تشرفنا.
Es freut mich.	تسرني معرفتك.
Sehr erfreut, Sie kennenzulernen.	سررت بالتعرف عليك.

Es freut mich, Sie kennenzulernen, gnädige Frau.

سررت بالتعرف عليك أيتها السيدة.

Das ist Herr Müller.	هذا هو السيد موللر .
Sehr angenehm, Herr Müller.	تشرفنا سيد موللر.
Gleichfalls.	الشرف لي.

• كيف الحال؟ Wie geht's?

Guten Tag	مرحباً
Wie geht's?	كيف الحال؟
Es geht gut, danke.	لا بأس، شكراً.
Was gibt es Neues?	هل هناك من جديد؟
Nicht viel.	ليس كثيراً.
Rufen Sie mich an!	اتصل بي!
Vergessen Sie es nicht!	لا تنس ذلك.
Ich werde es bestimmt tun.	سأفعل ذلك بالتأكيد.
Sicher?	بالتأكيد؟
Ganz bestimmt.	بكل تأكيد.
Bis später.	أراك فيما بعد.
Bis zum nächsten Mal.	إلى اللقاء في المرة القادمة.
Bis gleich.	أراك قريباً.
Bis Montag.	أراك الاثنين.
Bis morgen.	أراك غداً.
Ich sehe Sie in einer Woche.	أراك بعد أسبوع.
Ich sehe Sie in zwei Wochen.	أراك بعد أسبوعين.
Ich sehe Sie Freitag Abend.	أراك الجمعة مساء.
Ich sehe Sie nächsten Donnerstag.	أراك الخميس القادم.
Ich sehe Sie nächsten Donnerstag um acht Uhr abends	أراك الخميس القادم الساعة الثامنة مساء.
Wir sehen uns heute Abend.	نرى بعضنا اليوم مساءً.
Wir treffen uns heute Abend.	نلتقي اليوم مساءً.

Übung 11 – Was passt zusammen?			تمرين ١١ ـــــ ضع الجواب المناسب!
1.	Wie geht's?	a	كيف الحال؟ كيف الصحة؟
2.	Bis morgen.	b	ممتاز، شكراً.
3.	Sehr erfreut.	c	ليس سيئاً، شكراً.
4.	Was gibt es Neues?	d	كيف صحتك؟
5.	Nun, was gibt es Neues?	e	أراك غداً.
6.	Es geht mir gut, danke.	f	سررت لمعرفتك.
7.	Nichts Neues.	g	هل هناك من جديد؟
8.	Guten Tag.	h	طيب، ما الجديد هناك؟
9.	Nicht schlecht.	i	مرحباً، نهارك سعيد.
10.	Wie geht es Ihnen?	j	لا شيئ جديد.
11.	Bis gleich.	k	أتسمح لي ...
12.	Rufen Sie mich an!	l	اتصل بي.
13.	Bis zum nächsten Mal.	m	أراك الاثنين.
14.	Gestatten Sie mir ...	n	أراك فيما بعد.
15.	Bis Montag.	o	أراك قريباً.

Lösung الحل

1. a	2. e	3. f	4. g	5. g	6. b	7. j	8. i
9. c	10. d	11. o	12. l	13. n	14. k	15. m	

Wortschatz • **مفردات لتتعلمها**

Maus (die)	فأر	Freund (der)	صديق
Garten (der)	حديقة	Busch (der)	شجيرة
Mann (der)	رجل	Fuchs (der)	ثعلب
Sohn (der)	ابن	Fisch (der)	سمك
jung	شاب	bringen	جلب

Lektion Neunzehn

الدرس التاسع عشر

- **هل قابلته؟** **Haben Sie ihn kennengelernt?**

Kennen Sie meinen Freund? أتعرف صديقي؟

Nein, ich glaube nicht. لا، لا أظن.

Ich glaube, Sie kennen sich schon. أعتقد أنكما تعرفان بعضكما.

Ja, wir haben uns schon kennengelernt. نعم، لقد تعرفنا على بعضنا.

Nein, ich glaube nicht, dass wir uns schon kennengelernt haben.

كلا، لا أظن أننا تعرفنا على بعضنا.

Ich hatte bereits das Vergnügen ... كان من دواعي سروري ... (أن أتعرف عليه).

- **سررت بالتعرف إليك.** **Hat mich gefreut, Sie kennenzulernen.**

Ich freue mich, Ihre Bekanntschaft gemacht zu haben.

سررت أنني تعرفت عليك.

Ich hoffe, Sie bald wiederzusehen. آمل أن أراك ثانية في الوقت القريب.

Ganz meinerseits. وأنا كذلك.

Lassen Sie uns in den nächsten Tagen wieder zusammenkommen!

دعنا نلتقي ثانية في الأيام القادمة.

Abgemacht! اتفقنا! خلاص!

Haben Sie meine Adresse und meine Telefonnummer?

هل لديك عنواني ورقم هاتفي؟

Nein, geben Sie sie mir. كلا، أعطني إياهما!

Meine Adresse ist Große Friedrichstraße Nr. 21 (einundzwanzig).

عنواني هو شارع فريدريش الكبير رقم ٢١.

Meine Telefonnummer ist sieben einundachtzig zwölf.

ورقم هاتفي هو 78112 .

Geben Sie mir bitte auch Ihre Geschäftsadresse! اعطني أيضاً عنوانك في العمل.

Ich schreibe es Ihnen auf. Das ist Kurfürstendamm einhundertzwei.

سأسجله لك، شارع كورفيرستن دام 102.

Sie können mich zu Hause vor neun Uhr morgens erreichen.

بإمكانك أن تجدني في البيت قبل الساعة التاسعة صباحاً.

Andernfalls im Büro ab zehn Uhr. وإلا في المكنب بعد العاشرة.

Gut, ich werde es nicht versäumen. لا بأس، لن أضيع هذه الفرصة.

Auf Wiedersehen und vergessen Sie nicht anzurufen!

إلى اللقاء، ولا تنس أن تهتف لي.

Nein, ich werde es nicht vergessen. Auf baldiges Wiedersehen.

كلا، لن أنسى ذلك. إلى اللقاء القريب.

Übung 12 – Was passt zusammen?			تمرين ١٢ ــــــ ضع الجواب المناسب!
1.	Nein, ich glaube nicht.	a	نعم ، لقد تعرفنا على بعضنا.
2.	Ja, wir haben uns schon kennengelernt	b	لن أتقاعس عن فعل ذلك.
3.	Nein, geben Sie sie mir.	c	لا، لا أظن ذلك.
4.	Geben Sie mir auch Ihre Geschäftsadresse.	d	سررت لمعرفتك.
5.	Auf bald.	e	آمل أن أراك قريباً.
6.	Gut, ich werde es nicht versäumen.	f	أعطني كذلك عنوانك في العمل.
7.	Haben Sie meine Adresse und meine Telefonnummer?	g	لا، اعطني إياها.
8.	Ich werde es nicht versäumen.	h	هل لديك عنواني ورقم هاتفي؟
9.	Ich hoffe, Sie bald wiederzusehen.	i	طيب، لن أضيع هذه الفرصة.
10.	Ich freue mich, Ihre Bekanntschaft gemacht zu haben.	j	أراك قريباً.

Lösung الحل

1. c 2. a 3. g 4. f 5. j 6. i 7. h 8. b 9. e 10. d

Übung 2 – Wiederholung	تمرين ٢ـ مراجعة

1. Würden Sie etwas langsamer ________(تكلم), bitte?
   a) sagen
   b) sprechen
   c) wiederholen

2. Sprechen Sie ________ (ببطء), bitte!
   a) schnell
   b) weniger
   c) langsam

3. Ich gebe dem Kind ________ (أل) Buch.
   a) ein
   b) das
   c) die

4. Er gibt seine Frau ________ (ةً) Brief.
   a) einen
   b) die
   c) der

5. Das ist nicht sehr ________ (بعيد).
   a) weit
   b) hier
   c) dort

6. Er gibt ________ (إلى أل) Kindern Spielzeuge.
   c) ich
   b) den
   a) die

7. Ich ________ (أكون) In dem Zimmer.
   a) bist
   b) bin
   c) nicht

8. Er kommt nicht ________ (متأخر).

a) bin

b) bald

c) spät

9. Wo ________ (تكون) Ihre Bücher?

a) seine

b) sind

c) ist

10. ________ (أجلب) Sie mir ein Glas!

a) Möchte

b) Geben

c) Bringen

11. Das ist ________ (أقل) schwer.

c) nichts

b) mehr

a) weniger

12. Das ist ________ die Kinder

a) ihr

b) für

c) durch

13. Ich ________ (أملك) kein Geld.

a) habe

b) haben

c) nichts

14. ________ (لديك) Sie Zigaretten?

a) Hat

b) Hast

c) Haben

15. Ich ________ (أفهم) nicht gut Deutsch.

a) verstehe

b) spreche

c) bitte

16. Ich ________ (أشكر) Ihnen vielmals.

a) langsam

b) danke

c) verstehe

17. Ist er ________ (هنا)?

a) wo

b) dass

c) hier

18. Sind Sie ________ (مستعد)?

a) wahr

b) bereit

c) spät

19. Ist das ________ (صحيح)?

a) langsam

b) wahr

c) dort

20. Ich verstehe ein ________ (قليلاً).

a) nur

b) sehr

c) wenig

Lösung الحل

1. b	2. c	3. b	4. a	5. a	6. b	7. b	8. c	9. b	10. c
11. a	12. b	13. a	14. c	15. a	16. b	17. c	18. b	19. b	
								20. c	

Lektion Zwanzig

الدرس العشرون

- الأعداد الأصلية   Die Kardinalzahlen
- واحد، اثنان، ثلاثة، إلخ ...

eins	1
zwei	2
drei	3
vier	4
fünf	5
sechs	6
sieben	7
acht	8
neun	9
zehn	10
elf	11
zwölf	12
dreizehn	13
vierzehn	14
fünfzehn	15
sechzehn	16
siebzehn	17
achtzehn	18
neunzehn	19
zwanzig	20
einundzwanzig	21
zweiundzwanzig	22
dreiundzwanzig	23
dreißig	30
einunddreißig	31
zweiunddreißig	32
dreiunddreißig	33
Vierzig	40
einundvierzig	41
zweiundvierzig	42
dreiundvierzig	43

fünfzig	50
einundfünfzig	51
zweiundfünfzig	52
dreiundfünfzig	53
sechzig	60
einundsechzig	61
zweiundsechzig	62
dreiundsechzig	63
siebzig	70
einundsiebzig	71
zweiundsiebzig	72
Dreiundsiebzig	73
achtzig	80
einundachtzig	81
zweiundachtzig	82
dreiundachtzig	83
neunzig	90
einundneunzig	91
zweiundneunzig	92
dreiundneunzig	93

• مائة، ألف، إلخ ...

hundert	100
hunderteins	101
hundertzwei	102
hundertdrei	103
hundertzwanzig	120
hundertzweiundzwanzig	122
hundertdreißig	130
hundertvierzig	140
hundertfünfzig	150
hunderteinundsiebzig	171
hundertachtundsiebzig	178
hundertachtundneunzig	198
hundertneunundneunzig	199
zweihundert	200
dreihundertvierundzwanzig	324
achthundertfünfundsiebzig	875
tausend	1.000
tausendeins	1.001
tausendzwei	1.002
tausenddrei	1.003
zehntausenddreihundertfünfundsiebzig	10.375
eine Million	1.000.000
eine Milliarde	1.000.000.000
eine Billion	1.000.000.000.000

• الأعداد الترتيبية Die Ordnungszahlen

تدل الأعداد الترتيبية على أن شخصاً أو شيئاً يحتل مركزاً معيناً في صف ما. ويتم تشكيل العدد الترتيبي من العدد الأصلي وذلك بإضافة **-t** أو **-st** على نهايته.
تأخذ الأعداد الترتيبية من الرقم **٢** إلى **١٩** النهاية **-t**، وتأخذ اعتباراً من الرقم **٢٠** النهاية **-st**
هذا وإن الأعداد الترتيبية تعرب كالصفات وذلك حسب الحالة التي ترد فيها، إذ قد تكون مرفوعة أو منصوبة أو مجرورة. مثال:

أرى الحافلة الثالثة. — Ich sehe **den dritten Bus.**
(مفعول به / مذكر / مفرد)

اشترى لنفسه قميصاً ثالثاً. — Er kauft sich **ein drittes Hemd.**
(مفعول به / محايد / مفرد)

1.	**erster, erste, erstes**	أول
2.	**zweiter** (-e, es)	ثان
3.	**dritter** (-e, es)	ثالث
4.	**vierter** (-e, es)	رابع
5.	**fünfter** (-e, es)	خامس
6.	**sechster** (-e, es)	سادس
7.	**siebenter** (-e, es)	سابع
8.	**achter** (-e, es)	ثامن
9.	**neunter**(-e, es)	تاسع
10.	**zehnter** (-e, es)	عاشر

das erste Buch	الكتاب الأول
die erste Sache	الشيئ الأول
der zweite Akt	المشهد الثاني
die dritte Klasse	الصف الثالث
die vierte Etage	الطابق الرابع
der fünfte Mann	الرجل الخامس
der sechste Tag	اليوم السادس
die siebente Woche	الأسبوع السابع

der achte Monat	الشهر الثامن
das neunte Jahr	العام التاسع
der zehnte Brief	الرسالة العاشرة
die elfte Person	الشخص الحادي عشر
das zwölfte Kapitel	الفصل الثاني عشر
der dreizehnte Gast	الضيف الثالث عشر
das vierzehnte Paket	الطرد الرابع عشر
die fünfzehnte Tür	الباب الخامس عشر
das sechzehnte Schiff	الباخرة السادسة عشر
die siebzehnte Straße	الشارع السابع عشر
die achtzehnte Aufgabe	الوظيفة الثامنة عشر
das neunzehnte Auto	السيارة التاسعة عشر
das zwanzigste Haus	البيت العشرون
der einundzwanzigste Januar	الحادي والعشرون من كانون الأول

Übung 13 – Was passt zusammen?			تمرين ١٣ ـــــ ضع الجواب المناسب!
1.	sechs Kilometer	a	صف ثالث / نوع ثالث
2.	zwei junge Mädchen	b	الشهر الثامن
3.	zwanzig Minuten	c	العام التاسع
4.	dritter Klasse	d	ستة كيلومترات
5.	neunzehnter	e	فتاتان شابتان
6.	die elfte Person	f	عشرون دقيقة
7.	siebzehnter Stock	g	الشخص الحادي عشر
8.	der achte Monat	h	الثالث عشر من آب
9.	dreizehnter August	i	الطابق السابع عشر
10.	das neunte Jahr	j	تاسع عشر

Lösung الحل

1. d 2. e 3. f 4. a 5. j 6. g 7. i 8. b 9. h 10. c

- الجمع، الطرح، الضرب، القسمة — Addieren, abziehen, multiplizieren, dividieren

- الجمع — addieren

٢ + ١ = ٣	Zwei und eins macht drei.
أو	Oder
اثنان وواحد ثلاث	Zwei und eins sind drei.
٢ + ٢ = ٤	Zwei und zwei macht vier.
أو	Oder
اثنان واثنان أربع	Zwei und zwei sind vier.
٤ + ٣ = ٧	Vier und drei macht sieben.

- الطرح — abziehen

٣٠ - ١٨ = ١٢	Dreißig weniger achtzehn sind zwölf.
١٠٠ - ٢٤ = ٧٦	Hundert weniger vierundzwanzig sind sechsundsiebzig.

- الضرب — multiplizieren

٣ x ٥ = ١٥	Drei mal fünf ist fünfzehn.
٤ x ١٧ = ٦٨	Vier mal siebzehn ist achtundsechzig.

- القسمة — dividieren

٢٠ : ٥ = ٤	Zwanzig durch fünf ist vier.
٩٨ : ٢ = ٤٩	Achtundneunzig durch zwei ist neunundvierzig.

Lektion Einundzwanzig

الدرس الحادي والعشرون

• ثمنه ... Das kostet ...

Das kostet ...	ثمنه ...
Das kostet fünf Euro.	ثمنه خمسة يورو.
Dieses Buch kostet zehn Euro fünfzig.	ثمن هذا الكتاب عشر ة يورو ونصف.
Dieser Hut hat mich vierundfünfzig Euro gekostet.	كلفتني هذه القبعة ٥٤ يورو.
Ich habe zweihundert Euro für dieses Kleid bezahlt.	دفعت ٢٠٠ يورو ثمناً لهذا الفستان.
Ich habe diesen Wagen für zwanzigtausend Euro gekauft.	اشتريت هذه السيارة بمبلغ عشرين ألفاً يورو.
Das ist sechs Euro der Liter.	ثمن الليتر ٦ يورو.
Das kostet fünfundzwanzig Euro der Meter.	ثمن المتر ٢٥ يورو.
Der Preis ist zwölfhundert Euro.	السعر هو ١٢٠٠ يورو.
Sie kosten fünfzig Cent das Stück.	سعر القطعة نصف يورو.

• رقم الهاتف هو ... Die Tefeonnummer ist ...

Meine Telefonnummer ist 5 43 13 (fünf dreiundvierzig dreizehn).

رقم هاتفي هو ٥٤٣١٣ .

Versuchen Sie die Nummer 2 21 12 (zwei einundzwanzig zwölf).

جرب الرقم ٢٢١١٢ .

Meine Telefonnummer hat sich geändert: Sie ist jetzt 5 33 89 (fünf dreiunddreißig neunundachtzig).

رقم هاتفي تغيّر. لقد أتصبح الآن ٥٣٣٨٩ .

Ihre Telefonnummer ist 4 60 91 (vier sechzig einundneunzig).

رقم هاتفها هو ٤٦٠٩١ .

- **عنواني هو ...** Meine Adresse ist ...

Ich wohne in der Leipzigerstraße Nummer siebzehn. أسكن في شارع لايبزيغ ١٧.

Er wohnt Schillerstraße 4 هو يسكن في شارع شيللر ٤ .

Unsere Adresse ist Breitestraße elf. عنواننا هو شارع برايت ١١ .

Wir wohnen in der Kaiserstraße Nummer zweihundertdreiundsechzig.

نسكن في شارع قيصر رقم ٢٦٣.

Meine Zimmernummer ist zweiundvierzig. رقم غرفتي هو ٤٢ .

- **بعض التواريخ** Einige Daten

Das geschah achtzehnhunderteinundneunzig. حدث ذلك عام ١٨٩١

Die New Yorker Weltausstellung fand neunzehnhundertneununddreißig statt.

غن معرض نيويورك الدولي أقيم في عام ١٩٣٩.

Ich bin neunzehnhundertsechzig geboren. ولدت عام ١٩٦٠.

All das geschah neunzehnhundertachtzig. كل ذلك حدث عام ١٩٨٠

Die Berliner Mauer fiel neunzehnhundertneunundachtzig .

سقط جدار برلين في عام ١٩٨٩

Ich war neunzehnhundertneunzig in Frankfurt. كنت في فرانكفورت عام ١٩٩٠

Übung 14 – Was passt zusammen?			تمرين ١٤ ـــــ ضع الجواب المناسب!
1.	Das kostet fünf Euro.	a	ثمنه خمسة يورو.
2.	Ihre Telefon-Nr. ist drei einund-zwanzig vierzehn.	b	اشتريت هذه السيارة بـــــ ٦٠٠٠ يورو.
3.	Ich habe diesen Wagen für sechs-tausend Euro gekauft.	c	رقم هاتفهم هو ٣٢١١٤
4.	Ich war neunzehnhunderteinund-fünfzig in Berlin.	d	سعر القطعة نصف يورو.
5.	Sie kosten fünfzig Cent das Stück.	e	كنت في برلين عام ١٩٥١

Lösung الحل

1. a 2. c 3. b 4. e 5. d

Wortschatz **• مفردات لتتعلمها**

Mond (der)	القمر	Wetter (das)	الطقس
Punkt (der)	نقطة	Erde (die)	الأرض
Onkel (der)	عم / خال	Familie (die)	عائلة
Afrika (das)	إفريقيا	Kohle (die)	فحم
Ball (der)	كرة / طابة	Stein (der)	حجر
mild	ناعم / مقبول	tausend	ألف
Korn (das)	قمح	hundert	مائة
reich	غني	Hitze (die)	حر
Weg (der)	طريق	heiß	حار
Million (die)	مليون	Konzert (das)	حفلة موسيقية

Lektion Zweiundzwanzig

الدرس الثاني والعشرون

● كم الساعة ؟ Wie spät ist es?

إذا قلنا مثلاً: "الساعة السابعة" وأردنا أن نحدد إن كان هذا التوقيت صباحاً أم مساءً، قلنا في الألمانية: *sieben Uhr morgens* (السابعة صباحاً) أو *sieben Uhr abends* (السابعة مساءً). تعتبر هذه الطريقة "الطريقة العامية". الطريقة العامية تعتبر اليوم 12 ساعة. ونستخدم معها توقيتاً آخر إذ نذكر الدقائق أولاً ثم الساعات ، مع استعمال الكلمات *halb, (ein) Viertel* والحروف *vor, nach*

أما الطريقة الأخرى فهي الطريقة الرسمية، وتعتبر هذه الطريقة اليوم ٢٤ ساعة، وحين نريد إعلان التوقيت نذكر الساعات أولاً ثم الدقائق . مثلاً نقول:

الساعة السابعة عشر وثلاثون.	**siebzehn Uhr dreißig (5.30 P.M.).**
الساعة الخامسة وثلاثون.	**fünf Uhr dreißig.**

أما في الطريقة العامية فنقول:

الخامسة والنصف مساءً.	**halb sechs nachmittags.**
الخامسة والنصف صباحاً.	**halb sechs morgens.**

كم الساعة؟	**Wie spät ist es?**
كم الساعة، من فضلك؟	**Wieviel Uhr ist es, bitte?**
الساعة الواحدة.	**Es ist ein Uhr.**
الساعة الثانية.	**Es ist zwei Uhr.**
الساعة الثالثة.	**Es ist drei Uhr.**
الساعة الرابعة.	**Es ist vier Uhr.**
الساعة الخامسة.	**Es ist fünf Uhr.**
الساعة السادسة.	**Es ist sechs Uhr.**
الساعة السابعة.	**Es ist sieben Uhr.**
الساعة الثامنة.	**Es ist acht Uhr.**
الساعة التاسعة.	**Es ist neun Uhr.**
الساعة العاشرة.	**Es ist zehn Uhr.**
الساعة الحادية عشر	**Es ist elf Uhr.**
الساعة الثانية عشر.	**Es ist zwölf Uhr.**

Es ist Mittag.	إنه الظهر.
Es ist dreizehn Uhr.	الساعة الثالثة عشر
Es ist vierzehn Uhr.	الساعة الرابعة عشر.
Es ist fünfzehn Uhr.	الساعة الخامسة عشر.
Es ist sechzehn Uhr.	الساعة السادسة عشر.
Es ist siebzehn Uhr.	الساعة السابعة عشر.
Es ist achtzehn Uhr.	الساعة الثامنة عشر.
Es ist neunzehn Uhr.	الساعة التاسعة عشر.
Es ist zwanzig Uhr.	الساعة العشرون.
Es ist einundzwanzig Uhr.	الساعة الواحدة والعشرون.
Es ist zweiundzwanzig Uhr.	الساعة الثانية والعشرون.
Es ist dreiundzwanzig Uhr.	الساعة الثالثة والعشرون.
Es ist vierundzwanzig Uhr.	الساعة الرابعة والعشرون.
Es ist Mitternacht.	إنه منتصف الليل.

Die Stunde und ihre Teile • الساعة وأجزاؤها

Die Sekunde, -n	الثانية
Die Minute, -n	الدقيقة
Die Stunde, -n	الساعة

Es ist Viertel nach zwei.	الساعة الثانية وربع.
Es ist zwei Uhr fünfzehn.	الساعة الثانية و ١٥ دقيقة.
Es ist Viertel vor vier.	الساعة الرابعة إلاّ ربع.

Es ist Viertel nach drei.	الساعة الثالثة والربع.
Es ist drei Uhr fünfundvierzig.	الساعة الثالثة و ٤٥ دقيقة.
Es ist halb drei.	الساعة الثانية والنصف.
Es ist zwei Uhr dreißig.	الساعة الثانية و ٣٠ دقيقة.
Es ist zwanzig vor fünf.	الساعة الخامسة إلاّ ثلث.
Es ist neun Uhr fünfunddreißig.	الساعة التاسعة و ٣٥ دقيقة.

Es ist fünf vor zwölf.	الساعة الثانية عشرة إلاّ خمس
Es ist fünf nach zwölf.	الساعة الثانية عشرة وخمس.
Es ist ein Uhr morgens.	الساعة الواحدة صباحاً.
Es ist ungefähr fünf Uhr.	الساعة الخامسة تقريباً.
Es ist fast elf Uhr.	الساعة تقترب من الحادية عشرة.
Es ist punkt acht Uhr.	الساعة الثامنة بالتمام.
Es ist erst halb sieben.	الساعة الآن السادسة والنصف.
Es ist fünf Uhr durch.	الساعة بعد الحامسة بقليل.
Er kommt gegen sieben (Uhr).	سيأتي قرابة السابعة.

• متى ستأتي؟ Wann kommen Sie?

Wann kommen Sie?	متى ستأتي؟
Um wieviel Uhr kommen Sie?	في أية ساعة ستأتي؟
Ich werde um drei Uhr dort sein.	أكون هنا في الثالثة.
Sie ist um zwanzig vor drei gekommen.	أتت في الثالثة إلاّ ثلث.
Er wird um zwei Uhr nachmittags kommen.	سيأتي في الثانية بعد الظهر.

Wir werden gegen neun Uhr fünfundzwanzig dort sein.

سنكون هناك بحدود التاسعة و ٢٥.

Er wird um zehn Uhr dreißig heute Abend zurückkommen.

سيعود اليوم في العاشرة و ٣٠ مساءً.

Ich werde Sie dort gegen Viertel nach acht sehen.

سأواجهك هناك بحدود الثامنة والربع

Wir treffen uns um sechs.	سنتقابل في السادسة.
Ich gehe um vier Uhr aus.	سأخرج في الرابعة.
Kommen Sie zwischen sieben und acht.	تعال بين السابعة والثامنة.
Kommen Sie um zehn Uhr heute Abend.	تعال اليوم في العاشرة مساءً.
Der Zug fährt um neun Uhr vierzig ab.	سينطلق القطار في التاسعة و ٤٠ .

Es ist Zeit ... • لقد حان الوقت

Es ist Zeit.	حان الوقت
Es ist Zeit, es zu tun.	حان الوقت للقيام بذلك.
Es ist Zeit zu gehen.	حان الوقت للذهاب.
Es ist Zeit nach Hause zu gehen.	حان وقت الذهاب إلى البيت.
Ich habe Zeit.	لدي وقت.
Ich habe genug Zeit.	لدي وقت كاف.
Ich habe keine Zeit.	لا وقت لدي.
Wie lange beabsichtigen Sie hier zu bleinen?	كم تنوي البقاء هنا؟
Seit wann sind Sie hier?	مذ متى أنت هنا؟
Er verliert keine Zeit.	إنه لا يضيع الوقت.
Geben Sie ihm Zeit, es zu tun!	امنحه الوقت ليفعل ذلك.
Gib mir Zeit, mich anzuziehen!	اعطني وقتاً لأرتدي لباسي!
Er kommt von Zeit zu Zeit.	إنه يأتي بين الفينة والأخرى.

Übung 15 – Was passt zusammen?	تمرين ١٥ ـــــ ضع الجواب المناسب!

1.	Es ist halb drei.	a	سأراك هناك قرابة الثامنة والربع
2.	Es ist Viertel nach zwei.	b	يصل القطار الساعة السابعة و ٢٣ دقيقة.
3.	Es ist neun Uhr fünfunddreißig.	c	تعال بين السابعة والثامنة.
4.	Kommen Sie zwischen sieben und acht!	d	تعال قرابة العاشرة مساءً.
5.	Ich werde Sie dort gegen Viertel nach acht sehen.	e	إنها الواحدة صباحاً.
6.	Der Zug kommt um 7.23 Uhr an.	f	حان الوقت للطعام.
7.	Kommen Sie gegen zehn Uhr heute Abend.	g	سنكون هناك حوالي التاسعة .
8.	Es ist ein Uhr morgens.	h	الساعة الثانية والربع.
9.	Wir werden gegen 9 Uhr dort sein.	i	الساعة الثانية والنصف.
10.	Es ist Zeit zu essen.	j	الساعة التاسعة و ٣٥.

Lösung الحل

1. i 2. h 3. j 4. c 5. a 6. b 7. d 8. e 9. g 10. f

Wortschatz • مفردات لتتعلمها

hoffen	آمل، توقع	Krone (die)	تاج
Distanz (die)	مسافة	Pflanze (die)	نبتة
Seite (die)	صفحة / طرف	Kredit (der)	اعتماد
Welt (die)	العالم	wandern	تجول
Jahr (das)	عام / سنة	Angst (die)	خوف / جزع

Lektion Dreiundzwanzig
الدرس الثالث والعشرون

• الصباح، الظهر، الليل der Morgen, der Mittag, die Nacht

der Morgen	الصباح
der Mittag	الظهر
der Nachmittag	بعد الظهر، العصر
der Abend	المساء
die Nacht	الليل
der Tag	يوم
die Woche	أسبوع
acht Tage	ثمانية أيام
vierzehn Tage	أربعة عشر يوماً
der Monat	شهر
das Jahr	سنة
gestern	أمس / البارحة
heute	اليوم
morgen	غداً
vorgestern	قبل البارحة
übermorgen	بعد غد
vor langem	من زمن بعيد
vor kurzem	منذ فترة وجيزة
jetzt	الآن
einen Augenblick, bitte.	لحظة، من فضلك
lange her	من زمن بعيد
heute Morgen	اليوم صباحاً
gestern Morgen	البارحة صباحاً
morgen früh	غداً صباحاً
heute Nachmittag	اليوم بعد الظهر
gestern Nachmittag	البارحة بعد الظهر
morgen Nachmittag	غداً بعد الظهر
heute Abend	اليوم مساءً
gestern Abend	البارحة مساءً
morgen Abend	غداً مساءً

heute Nacht	اليوم ليلاً
gestern Nacht	البارحة ليلاً
morgen Nacht	غداً ليلاً

• الأسبوع، الشهر القادم ، … Die Woche, nächster Monat …

diese Woche	هذا الأسبوع
letzte Woche / vorige Woche	الأسبوع الفائت
nächste Woche	الأسبوع القادم
in zwei Wochen	بعد أسبوعين
vor zwei Wochen	من أسبوعين
dieser Monat	هذا الشهر
der vorige Monat	الشهر المنصرم
der nächste Monat	الشهر القادم
in zwei Monaten	بعد شهرين
vor zwei Monaten	من شهرين
dieses Jahr	هذا العام
voriges Jahr	العام المنصرم
nächstes Jahr	العام القادم
in zwei Jahren	بعد عامين
vor zwei Jahren	من عامين
am Morgen	صباحاً، في الصباح
am Abend	مساءً، في المساء
gegen Mittag	قرابة الظهر
nach dem Abendessen	بعد العشاء
am Ende der Woche	في نهاية الأسبوع
vor einer Stunde	من ساعة مضت
in einer Viertelstunde	بعد ربع ساعة
eines Tages	في يوم ما
alle Tage	كل الأيام
den ganzen Tag	اليوم بكامله

die ganze Nacht	الليل بكامله
Er arbeitet von morgens bis abends.	يعمل من الصباح حتى المساء
Der wie vielte ist heute?	كم تاريخ اليوم؟

- **مصطلحات تعبر عن الماضي والحاضر والمستقبل.**

Vergangenheit **الماضي** ↓	**Gegenwart** **الحاضر** ↓	**Zukunft** **المستقبل** ↓
Vor einem Augenblick من فترة وجيزة	In diesem Augenblick حالياً	Im nächsten Augenblick من برهة
gestern Morgen البارحة صباحاً	heute Morgen اليوم صباحاً	morgen früh غداً صباحاً
gestern Nachmittag البارحة بعد الظهر	heute Nachmittag اليوم بعد الظهر	morgen Nachmittag غداً بعد الظهر
gestern Abend البارحة مساء	heute Abend اليوم مساء	morgen Abend غداً مساء
vorige Woche الأسبوع الفائت	diese Woche هذا الأسبوع	nächste Woche الأسبوع القادم
vorigen Monat الشهر الماضي	diesen Monat هذا الشهر	nächsten Monat الشهر القادم
voriges Jahr العام الفائت	dieses Jahr هذا العام	nächstes Jahr العام القادم
		nächstes Wochenende نهاية الأسبوع القادم

Lektion Vierundzwanzig

الدرس الرابع والعشرون

• أيام الأسبوع — Die Wochentage

الاثنين	Montag
الثلاثاء	Dienstag
الأربعاء	Mittwoch
الخميس	Donnerstag
الجمعة	Freitag
السبت	Samstag, Sonnabend
الأحد	Sonntag

• ما اليوم؟ — Der wie vielte ist heute?

التعبيرات التالية تستعمل للاستفهام عن تاريخ اليوم:

كم تاريخ اليوم؟	Der wie vielte ist heute?
ما هو تاريخ اليوم؟	Welches Datum ist heute?
كم عندنا اليوم؟	Den wie vielten haben wir heute?
ما هو تاريخ الأحد؟	Der wie vielte ist Sonntag?
اليوم هو العاشر.	Heute ist der zehnte.
اليوم لدينا العشرين.	Heute haben wir den zwanzigsten.
أي يوم عندنا اليوم؟	Welchen Tag haben wir heute?
اليوم الثلاثاء أم الأربعاء؟	Ist heute Dienstag oder Mittwoch?
اليوم هو الثلاثاء.	Heute ist Dienstag.
إرجع السيت القادم!	Kommen Sie nächsten Samstag zurück!
سيسافر الأحد القادم.	Er fährt nachsten Sonntag fort.
لقد وصل الاثنين الماضي.	Er ist letzten Montag angekommen.
سيصل الخميس القادم.	Er kommt nächsten Donnerstag an.

Übung 16 – Was passst zusammen?			تمرين ١٦ ـــــ ضع الجواب المناسب!
1.	vorgestern	a	بعد الطهر
2.	heute	b	قبل البارحة
3.	Nachmittag	c	اليوم
4.	vor kurzem	d	بعد غد
5.	morgen Nachmittag	e	من فترة وجيزة
6.	heute Nachmittag	f	غداً بعد الظهر
7.	übermorgen	g	هذا المساء
8.	Er verliert Zeit.	h	إنه يضيع وقته
9.	heute Nacht	i	اليوم بعد الظهر
10.	Seit wann sind Sie hier?	j	مذ متى أنت هنا؟
11.	nächste Woche	k	بعد شهرين
12.	vorige Woche	l	من أسبوعين
13.	vor zwei Wochen	m	الأسبوع القادم
14.	in zwei Monaten	n	من سنتين
15.	vor zwei Jahren	o	الأسبوع الماضي
16.	Es ist Zeit	p	حان الوقت للذهاب إلى البيت
17.	Es ist Zeit, nach Hause zu gehen.	q	غداً مساء
18.	morgen Abend	r	هذه الليلة
19.	Ich habe Zeit	s	حان الوقت
20.	heute Abend	t	لدي وقت

Lösung الحل

1. b 2. c 3. a 4. e 5. f 6. i 7. d 8. h

9. r 10. j 11. m 12. o 13. l 14. k 15. n

16. s 17. p 18. q 19. t 20. g

• الأشهر والتأريخ — Die Monate und das Datum

Januar	كانون الثاني
Februar	شباط
März	آذار
April	نيسان
Mai	أيار
Juni	حزيران
Juli	تموز
August	آب
September	أيلول
Oktober	تشرين الأول
November	تشؤين الثاني
Dezember	كانون الأول

Heute ist der erste Juni.	اليوم هو الأول من حزيران.
Ich wurde am zwölften April geboren.	ولدت في الثاني عشر من نيسان.
Mein Geburtstag ist am zweiten Februar.	عيد ميلادي في الثاني من شباط.
Ich komme am vierzehnten Juli.	سآتي في الرابع عشر من تموز.
Die Schule beginnt am 20. September.	تبدأ المدرسة في العشرين من أيلول.
Ich bin am neunzehnten März zurück.	سأعود في التاسع عشر من آذار.
Der erste Januar ist ein Feiertag.	الأول من كانون الثاني هو يوم عطلة.
Er fährt am sechsten Juli ab.	سيسافر في السادس من تموز.
Der Brief ist vom neunten Juni.	الرسالة مؤرخة في التاسع من حزيران.
Wir besuchen Sie am elften Mai.	سنزورك في الحادي عشر من أيار.

• الفصول الأربع — Die vier Jahreszeiten

der Frühling	الربيع
der Sommer	الصيف
der Herbst	الخريف
der Winter	الشتاء

im Winter	في الشتاء
im Sommer	في الصيف
im Herbst	في الخريف
im Frühling	في الربيع
Ich liebe den Sommer.	أحب الصف.
Ich ziehe den Frühling vor.	أفضل الربيع.

	Übung 17 – Was passt zusammen?		**تمرين ١٧ ـــــ ضع الجواب المناسب!**
1.	Welches Datum ist heute?	a	أيام الآحاد دائماً جميلة.
2.	Eines Tages werden wir zusammenkommen.	b	بعد ربع ساعة.
3.	Den ganzen Tag muss ich arbeiten.	c	سنتقابل في يوم ما.
4.	Im Sommer gehen wir schwimmen.	d	علي أن أعمل اليوم بكامله.
5.	In einer Viertelstunde.	e	ما تاريخ اليوم؟
6.	Er kommt nächsten Montag an.	f	في الصيف نذهب للسباحة.
7.	Heute ist Montag.	g	لقد أتى الشتاء.
8.	Kommen Sie nächsten Samstag!	h	ما هو تاريخ الثلاثاء؟
9.	Der Winter ist schon hier.	i	اليوم هو العشرين.
10.	Sonntage sind immer schön.	j	اليوم هو الاثنين.
11.	Wir haben heute den zwanzigsten.	k	تعال السبت القادم!
12.	Der wie vielte ist Dienstag?	l	سيصل الاثنين القادم.
13.	Ich komme am vierzehnten Juli.	m	الرسالة مؤرخة في ٦ حزيران.
14.	Heute ist der erste Juni.	n	سآتي في الرابع عر من تموز.
15.	Der Brief ist vom sechsten Juni.	o	اليوم هو الأول من حزيران.

Lösung الحل

1. e 2. c 3. d 4. f 5. b 6. l 7. j 8. k

9. g 10. a 11. i 12. h 13. n 14. o 15. m

Am Zeitungsstand • عند كشك الجرائد

1. Kunde: Guten Morgen, Fräulein! Geben Sie mir bitte „Die Welt“ und auch die Illustrierte „Der Stern“. Könnten Sie mir einen Hundertmarkschein wechseln? Ich habe leider kein Kleingeld dabei.

١ الزبون: صباح الخير، يا آنسة! اعطني من فضلك جريدة دي فيلت ومجلة شتيرن شتيرن. هل بإمكانك صرف ورقة المائة مارك؟ للأسف لا أحمل نقوداً صغيرة.

2. Verkäufer: Die drei Mark fünfzig bleiben Sie mir schuldig. Sie können morgen zahlen.

٢ البائعة: إنني أعرفك، يا سيد مرغل، أنت مدين لي بثلاث ماركات ونصف. بامكانك دفعها لي غداً.

3. Kunde: Ich danke Ihnen recht schön. Übrigens, gehen die Busse heute oder muss ich wieder mit der U-Bahn fahren?

٣ الزبون: أشكرك جزيل شكر. على فكرة، هل تسير الحافلات اليوم أم علي أن أستقل المترو ثانية؟

4. Verkäuferin: Während der letzten Viertelstunde sind schon drei Busse vorbeigefahren. Sie waren voll. Heute wäre es besser mit der Untergrundbahn zu fahren

٤ البائعة: في الربع ساعة الأخيرة مرت من هنا ثلاث حافلات وكانت جميعها غاصة بالركاب. فمن الأفضل اليوم أن تستقل المترو.

5. Kunde: Also, dann muss ich mich beeilen. Es ist schon Viertel nach acht, und ich muss punkt neun im Büro sein. Auf Wiedersehen, bis morgen!

٥ الزبون: إذن علي وحتى الغد.. إلى اللقاء، سأستعجل، فالساعة الآن الثامنة والربع وعلي أن أكون في تمام التاسعة في المكتب.

6. Verkäuferin: Auf Wiedersehen, Herr Mergl!

٦ـ البائعة: إلى اللقاء، سيد مرغل.

• مفردات Wortschatz

1.	der Kunde	الزبون	١
2.	die Verkäuferin	البائعة	٢
3.	die Illustrierte	المجلة	٣
4.	Können Sie ...?	هل بامكانك ...؟	٤
5.	wechseln	بدل، صرّف	٥
6.	schuldig sein (schulden)	مديون لـ من فعل ←	٦
	Er schuldet mir zwanzig Mark.	إنه مديون لي بـ ٢٠ ماركاً.	
7.	apropos (= übrigens)	على فكرة	٧
8.	die U-Bahn	مترو، قطار النفق	٨
9.	vorbeifahren	مر بالعربة	٩
	Der Bus ist einfach vorbeigefahren, ohne anzuhalten.	مرت الحافلة دون أن تتوقف.	
10.	sich beeilen	تسرع في، تعجل بـــــ	١٠
11.	ich beeile mich	أسرع	١١
12.	also	إذن	١٢
13.	das Büro	المكتب	١٣
14.	Es wäre ...	سيكون من الأفضل ...	١٤
15.	Er geht ins Büro.	يذهب إلى المكتب.	١٥
16.	Er arbeitet im Büro.	يعمل في المكتب.	١٦

Lektion Fünfundzwanzig
الدرس الخامس والعشرون

- **ذهب، سار** **Gehen**

- **أذهب**

أذهب	**ich gehe**
تذهب (أنتَ)، تذهبين (أنتِ)	**du gehst**
يذهب / تذهب	**er geht** (sie, es)
نذهب	**wir gehen**
تذهبون، تذهبن	**ihr geht**
تذهب (حضرتك) / تذهبون (حضرتكم)	**Sie gehen**
يذهبون / تذهبن	**sie gehen**

- **لا أذهب**

لا أذهب	**ich gehe nicht**
لا تذهب	**du gehst nicht**
لا يذهب	**er geht nicht** (sie, es)
لا نذهب	**wir gehen nicht**
لا تذهبون	**ihr geht nicht**
لا تذهب (حضرتك)	**Sie gehen nicht**
لا يذهبون	**sie gehen nicht**

- **بعض المصطلحات العامة مع gehen** **Allgemeine Wendungen mit**

إذهب! سر!	**Geh!**
إذهب! (حضرتك)	**Gehen Sie!**
إذهب ببطء!	**Gehen Sie langsam!**
تابع السير!	**Gehen Sie weiter!**
إذهب وفتش عن ذلك!	**Gehen Sie es suchen!**
إلى أين تذهب؟	**Wo gehen Sie hin?**
لا تذهب إلى هناك!	**Gehen Sie nicht dorthin!**
لا تذهب إلى هناك في المقابل!	**Gehen Sie nicht dort hinüber!**

Wir müssen dorthin gehen.	يجب أن تذهب إلى هناك.
Ich gehe zum Bahnhof.	أذهب إلى محطة القطار.
Ich gehe zur Bank.	أذهب إلى المصرف.
Ich gehe ins Theater.	أذهب إلى المسرح.
Er geht aufs Land.	إنه يذهب إلى الريف.
Ich gehe Hans besuchen.	أذهب لزيارة هانس.
Sie geht nachmittags einkaufen.	تذهب بعد الظهر للتبضع.
Wie geht es Ihnen?	كيف حالك، أنت؟
Es geht mir gut.	أنا بصحة جيدة.
Wie geht's?	كيف الحال؟
Gut, danke.	لا بأس، شكراً.

- **سافر، ساق** **fahren**

عندما نتكلم عن القيام برحلة عليك أن تستعمل الفعل **fahren:**

ich fahre	أسافر
du fährst	تسافر
er fährt (sie, es)	يسافر
wir fahren	نسافر
ihr fahrt	تسافرون
Sie fahren	تسافر (حضرتك)
sie fahren	يسافرون

- **إليك بعض الأمثلة:** **Beispiele:**

Wo fahren wir hin?	إلى أين نسافر؟
Wohin fährst du?	إلى أين تسافر؟
Wohin fährt er?	إلى أين يسافر؟
Fährt sie nach Berlin?	هل تسافر إلى برلين؟

Wohin fahren wir?	إلى أين نسافر؟
Wohin fahren Sie?	إلى أين تسافر (حضرتك)؟
Fahrt ihr nach berlin?	أتسافرون إلى برلين؟
Nein, wir fahren nach Frankfurt.	كلا، نسافر إلى فرانكفورت.
Wohin fahren sie?	إلى أين يسافرون؟
Wie fährst du in die Stadt?	كيف تسافر إلى المدينة؟
Ich fahre mit der Bahn.	أسافر بالقطار
Langsamer fahren!	خفف السرعة!
Früher.	سابقاً / قديماً
Später.	متأخر / في وقت متأخر
Ich komme.	إني آتٍ.
Bis später.	أراك فيما بعد.
Beeilen Sie sich!	استعجل!
Beeilen Sie sich nicht.	لا تستعجل!
Ich habe es eilig.	أنا على عجلة.
Ich habe es nicht eilig.	لست مستعجلاً.
Achtung!	انتبه! حذار!
Vorsicht!	كن حذراً!
Schnell.	بسرعة.
Schneller.	أسرع.
Sprechen Sie nicht so schnell!	لا تتكلم بهذه السرعة!
Nicht zu schnell.	ليس بهذه السرعة!
Langsamer.	أبطء.
Bald.	قريباً.
Lassen Sie sich Zeit.	خذ وقتك.
Es wird bald regnen.	سيتمطر قريباً.
Einen Moment!	لحظة!
Ich rufe ihn sofort an.	سأتصل به فوراً.
Sofort.	فوراً.

• مفردات لتتعلمها Wortschatz

Feuer (das)	نار
Grammatik (die)	قواعد
Suppe (die)	حساء
füllen	ملأ / عبأ
Argument (das)	حجة / دليل
Monument (das)	تمثال
flach	مبسط، مسطح
dick	سمين
Stein (der)	حجر

Lektion Sechsundzwanzig
الدرس السادس والعشرون

- أحد، هم، المرء، الناس: **Man**

المرء، أحد	man
يقال أن ...	Man sagt, dass ...
قيل لي أن ...	Man hat mir gesagt, dass ...
يقال ذلك.	Man sagt es.
يقال إنه الحقيقة.	Man sagt, dass es wahr ist.
قيل لي ذلك.	Man hat es mir gesagt.
لا يعرف ذلك.	Man weiß es nicht.
نتكلم الألمانية.	Man spricht hier Deutsch.
نتكلم الانكليزية.	Hier spricht man Englisch.
نتكلم الاسبانية.	Man spricht hier Spanisch.
أيتكلم أحد الانكليزية؟	Spricht man Englisch hier?
كيف يقال هذا في الألمانية؟	Wie sagt man das auf Deutsch?
كيف يقال "صباح الخير" في الألمانية؟	Wie sagt man „صباح الخير“ auf Deutsch?
كيف تكتب هذه الكلمة في الألمانية؟	Wie schreibt man dieses Wort auf Deutsch?
نغلق الساعة الثامنة.	Man schließt um acht.
ماذا يعرض اليوم في المسرح؟	Was spielt man heute Abend im Theater?

- **ملاحظة:**

لاحظ أن كلمة man يمكن ترجمتها غالباً في العربية إلى المبني للمجهول:

يقال أن ...	Man sagt, dass ...
قيل لي أن ...	Man hat mir gesagt, das ...
كيف تكتب هذه الكلمة؟	Wie schreibt man dieses Wort?

Übung 18 – Was passt zusammen?			تمرين ١٨ ــــ ضع الجواب المناسب!
1.	Ich habe es eilig.	a	فوراً.
2.	Ich komme sofort.	b	لحظة!
3.	Einen Moment!	c	أنا مستعجل.
4.	Sofort.	d	إني آت فوراً.
5.	Lassen Sie sich Zeit.	e	خذ وقتك.
6.	Man hat mir gesagt.	f	لا أحد يعلم ذلك.
7.	Man weiß es nicht.	g	قيل لي.
8.	Hier spricht man Englisch.	h	كيف تقول ذلك في الألمانية؟
9.	Wie sagt man das auf Deutsch?	i	هنا نتكلم الانكليزية.

Lösung الحل

1. c 2. d 3. b 4. a 5. e 6. g 7. f 8. i 9. h

• مفردات لتتعلمها: **Wortschatz**

Logik (die)	علم المنطق	Szene (die)	مشهد
tanzen	رقص	frei	حر، طليق
Privat	خاص	modern	حديث
Preis (der)	سعر / ثمن / جائزة	Name (der)	اسم

• قليل وكثير wenig und viel

wenig	قليل، ضئيل، يسير
viel oder wenig	قليل أو كثير
ein wenig	قليل، قليلاً
sehr wenig	قليل جداً
ein klein wenig	قليل إلى حد ما.
ein ganz klein wenig	قليل بشكل
allmählich	تدريجياً
Das ist zu wenig.	هذا غير كاف
noch ein wenig	قليل منه
Er spricht wenig.	يتكلم قليلاً.
Wollen Sie viel oder wenig davon?	أتريد الكثير أم القليل منه؟
Bleiben wir noch ein wenig hier.	لنبق هنا قليلاً أيضاً!
Geben Sie mir ein wenig davon.	اعطني قليلاً منه!
Geben Sie mir ein wenig Wasser.	اعطني قليلاً من الماء!
Ich spreche sehr wenig Deutsch.	اتكلم قليل من الألمانية.
viel	كثير، وافر
Ich habe nicht viel Geld.	لا أملك مالاً وفيراً.
Ich habe nicht viel Zeit.	لا أملك وقتاً كثيراً.
Ich mag ihn sehr.	أستلطفه كثيراً.
Ich habe viel zu tun.	لدي الكثير من العمل.

• كثير جداً zu viel

zu viel	كثير جداً
Das ist zu viel.	هذا كثير جداً.
Das ist nicht zu viel.	ليس هذا كثيراً جداً.
zu wenig	قليل جداً
zu heiß	حار جداً
zu kalt	بارد جداً
zu viel Wasser	الماء كثير جداً

• أكثر أو أقل mehr oder weniger

mehr oder weniger	أكثر أو أقل
höchstens	على الأكثر
wenigstens	على الأقل
immer mehr	أكثر فأكثر
immer weniger	أقل فأقل
sechs mal mehr	ست مرات أكثر
Es gibt nichts mehr davon.	لا يوجد أكثر منه.
Es ist mehr als das.	إنه أكثر من ذلك.
Das ist das am meisten gelesene Buch, das ich kenne.	إنه الكتاب الأكثر شعبية الذي أعرفه.

• كاف وأكثر من ذلك genug und mehr als genug

genug	كافٍ
Ist es genug?	هل هذا كافٍ؟
Das ist genug.	إنه يكفي.
Das ist nicht genug.	هذا لا يكفي.
Das ist mehr als genug.	هذا أكثر من كافٍ.
Das ist groß genug.	إنه كبير بشكل كافٍ.
gut genug	كافٍ بشكل جيد.
Haben Sie genug Geld?	هل لديك نقود كافية؟
Sagen Sie es noch einmal!	أعد ذلك مرة أخرى!
Wiederholen Sie, bitte!	كرر ذلك، من فضلك!
noch	أيضاً، إضافةً
Noch mehr? Noch etwas?	شيئ آخر. شيئ إضافي؟
noch ein wenig	قليل آخر.
noch mehr Brot	خبز إضافي
noch ein Glas Wasser	كأس ماء آخر.
noch etwas Fleisch	بعض اللحم الإضافي.

noch viel mehr	أكثر بكثير.
Kommen Sie wieder!	إرجع مرة أخرى!

Lektion Siebenundzwanzig
الدرس السابع والعشرون

• جيد Gut

Gut!	جيد!
Das ist gut.	هذا جيد.
Das ist sehr gut.	هذا جيد جداً.
Das ist nicht gut.	ليس هذا جيداً.
Das ist nett.	هذا لطيف.
Das ist großartig!	هذا رائع!
Das ist prima!	هذا عظيم.
Das ist ausgezeichnet.	هذا ممتاز.
Das ist hervorragend!	هذا بارز، مميز
Das ist bewundernswert.	هذا جدير بالإعجاب
Das ist wunderbar. Das ist wundervoll.	هذا رائع / مثير للإعجاب
Das ist perfekt.	هذا كامل / ممتاز.
Der Wein ist gut.	النبيذ جيد.
Das Fleisch ist gut.	اللحم جيد.
Sie sind gut.	هم جيدون / طيبون
Guten Tag!	مرحباً / نهارك سعيد
Guten Abend!	مساء الخير
Gute Nacht!	ليلة سعيدة / تصبح على خير

• جيد، لا بأس gut

gut	جيد
nicht zu gut	ليس جيداً بما يكفي
Sehr gut, mein Herr!	طيب، يا سيدي.
Ist es gut?	أهذا جيد؟
Das ist gut gemacht.	أحسنت! حسناً فعلت!
Alles geht gut.	كل شيئ يسير على ما يرام.
Es geht viel besser.	الحالة أفضل.
Ich fühle mich nicht wohl.	أشعر بوعكة.
Gute Besserung!	سلامتك!
Es passt sehr gut.	يناسب بشكل.

● جميل، لطيف، ناعم schön

schön	جميل
Es ist sehr schön.	إنه جميل جداً.
Das ist schön.	ذلك جميل
nicht sehr schön	ليس جميلاً جداً
schönes Wetter	طقس جميل
ein schönes Land	بلد جميل
ein schöner Tag	يوم جميل
Es ist schön draußen.	الطقس جميل في الخارج.
die schönen Künste	الفنون الجميلة
schön und gut	لا بأس / لا اعتراض على

Übung 19 – Was passt zusammen?			تمرين ١٩ ـــــ ضع الجواب المناسب!
1.	Alles geht gut.	a	ذلك جيد جداً
2.	Das ist sehr gut.	b	أعندك الكفاية منه؟
3.	Ist es gut?	c	قل ذلك ثانية!
4.	Es ist sehr schön.	d	لا بأس
5.	Haben Sie genug davon?	e	هذا عظيم !
6.	Sagen Sie es noch einmal!	f	إنه جميل جداً.
7.	Wiederholen Sie, bitte!	g	كل شيئ على ما يرام.
8.	Kommen Sie wieder!	h	أجيد هذا؟
9.	Das ist prima!	i	من فضلك، كرر ذلك!
10.	schön und gut	j	ارجع مرة أخرى!

Lösung الحل

1. g 2. a 3. h 4. f 5. b 6. c 7. i 8. j 9. e 10. d

Wortschatz • **مفردات لتتعلمها:**

Episode (die)	حدث / قصة	nervös	عصبيّ
meinen	عنى / اعتقد	Summe (die)	مجموع، مبلغ
Nagel (der)	مسمار / ظفر	natürlich	طبيعي / طبعاً
Braut (die)	عروس / خطيبة	elektrisch	كهربائي
Zeremonie (die)	احتفال رسمي / تشريفة	ändern	بدل، غيّر

Lektion Achtundzwanzig
الدرس الثامن والعشرون

• كـــــ، مثل **wie**

كـ ، مثل	wie
مثلي	wie ich
كهذا، مثل هذا	wie das
كالأخرين	wie die andern
كهذا	wie dieses
ليس مثل ذلك	nicht so wie das
كما تريد	wie Sie wünschen
كم الوقت مبكر!	Wie früh es ist!
كم الوقت متأخر!	Wie spät es ist!
هذا غال بشكل!	Wie teuer das ist!

• كل، كل واحد، كل واحد من **jeder, alle**

كل، جميع، كل شيئ	all, alle, alles
كل واحد، كل واحدة	jeder, jede, jedes
كا إنسان	jeder Mensch
كل رجل	jeder Mann
كل امرأة	jede Frau
كل طفل / كل ولد	jedes Kind
جميع الناس	alle Menschen
جميع الرجال	alle Männer
جميع النساء	alle Frauen
كل، كل شخص	jeder, jederman
كل يوم	jeden Tag
كل شيئ هنا.	Alles ist hier.
طوال النهار، اليوم بكامله	den ganzen Tag
كل شيئ جاهز	Alles ist fertig.
الجميع جاهزون	Alle sind fertig.

Nehmen Sie alle!	خذهم جميعاً!
Wir sind alle da.	كلنا هنا.
Der Kaffee ist alle.	نفذت القهوة.
Das ist alles.	هذا كل شيئ.
Ist das alles?	أهذا كل شيئ؟
alle	كل شخص، جميع
Jeder weiß es.	كل شخص يعرف ذلك.
ganz	كلي، تام، كلياً، بالتمام، جداً
Er hat die ganze Torte aufgegessen.	أكل الكعكة بكاملها.
ganz schlecht	شيئ جداً.
Ganz und gar nicht.	على الإطلاق
Überhaupt nicht.	أبداً، على الاطلاق

- **بعض، كل، لا شيئ، إلخ ...** **davon**

مندمجة مع الظرف **-da**

١ **-da** تندمج غالباً مع حرف جر لتشكل التعابير التالية:

davon	منه / من ذلك
darin	ضمنه / ضمنهم
daran	ها / في ذلك
darüber	عن ذلك / حول ذلك / فوق ذلك
darunter	بذلك / تحت ذلك
dadurch	من خلاله
dazu	لذلك / إضافة إلى ذلك
dafür	لذلك / لأجله
daraus	من ذلك / خارجه

Hier ist die Tafel Schokolade. Geben Sie jedem Kind ein Stück davon.

إليك لوح الشوكولا. إعط كل ولد قطعة منه.

Sie gab mir eine Pfeife. Was soll ich damit tun?

لقد اعطتني غليوناً ما أفعل بذلك / به؟

Bitte, nehmen Sie dieses Buch! Wir haben schon darüber gesprochen.

خذ هذا الكتاب. لقد تكلمنا عنه.

Ich habe genug davon. لدي الكافي من ذلك.

Geben Sie uns etwas davon! اعطنا شيئاً منه!

Geben sie ihnen nichts mehr davon. لا تعطيهم أكثر منه!

Ich habe mit ihr darüber gesprochen. تكلمت معها حول ذلك.

Ich habe mit ihr über Politik und Sport gesprochen.

تكلمت معها عن السياسة والرياضة.

Kommt er aus Deutschland? هل هو من ألمانيا؟

Was halten Sie davon? ما رأيك بذلك؟

Was halten Sie von ihm (ihr)? ما رأيك به / بها؟

• بعض، قليل etwas

Hat er (etwas) Geld? ألديه بعض النقود؟

Ja, er hat etwas. نعم ، لديه بعضها.

Haben Sie (etwas) Geld? ألديك بعض النقود؟ منه شيئ.

Nein, ich habe keins. لا ليست لدي.

Ist noch etwas von dem gutem Wein übrig? هل زاد شيئ من النبيذ الجيد؟

Nein, es ist nicht mehr davon übrig. كلا، لم يبق منه شيئ.

Hier ist etwas Geld. هنا بعض النقود.

Geben Sie Hans etwas davon! اعط هانس بعضها!

Geben Sie mir etwas! اعطني بعضها!

Geben Sie ihm etwas! إعطه بعضها!

Ich habe ihm etwas davon gegeben. لقد أعطيته بعضها.

Geben Sie ihr nichts! لا تعطها شيئاً!

Es gibt etwas. هناك شيئ ما.

أهناك البعض منه؟ Gibt noch etwas davon?

- **الأفعال التي تستلزم جاراً ومجروراً** **Verben mit Präpositionen:**

(فيما يختص الأشخاص)

إذا كانت جملة الفعل مع حرف الجر تعود إلى شخص لا يستعمل معها التركيب -da، وإنما نعوض عنه بحرف جر وضمير شخصي.

هناك عدد كبير من الأفعال تتطلب مفعولاً أو مجروراً بالحرف ويمكن لهذه الأفعال اللازمة أن تصبح متعدية بواسطة حرف الجر. وتشكل هذه الحروف مع الأفعال وحدة قائمة بذاتها، وتكون مرتبطة بها، لذا وجب حفظها ككلمة واحدة.

ليس هناك قاعدة ثابتة تشير إلى الفعل والحرف التابع له، أو إلى محل إعراب الاسم، وإنما التمرين هو الكفيل بذلك. وإذا أراد الطالب معرفة الفعل والحرف الخاص به فسيجده في القاموس.

إليك بعض الأمثلة:

إنه يحسن الظن بأخي. **Er hält viel von meinem Bruder.**

إنه لا يحسن الظن به. **Er hält nicht viel von ihm.**

لاحظ أن التعبير halten von ومعناه أحسن أو أساء الظن بـــ يرتبط بالحرف **von** الذي يتطلب حالة ألـــ Dativ.

إنه يفكر دائماً في أبيه. **Er denkt immer an seinen Vater.**

إنه يفكر دائماً فيه. **Er denkt immer an ihn.**

و يتطلب الحرف **an** حالة ألـــ Akkusativ

وإليك مجموعة من هذه الأفعال وأكثرها استعمالاً، وكتب بين القوسين الحالة التي يتطلبها الحرف.

An

sich erinnern an *(Akk.)*	تذكر
glauben an *(Akk.)*	آمن، اعتقد بـ
leiden an *(Dat)*	عانى من
schreiben an *(Akk.)*	كتب إلى
sich wenden an *(Akk.)*	توجه إلى
teilnehmen an *(Dat.)*	اشترك في

Auf

achten auf *(Akk.)*	انتبه إلى
bestehen auf *(Akk.)*	تألف من
böse sein auf *(Akk.)*	غاضب من
sich freuen auf *(Akk.)*	انسر لـ
hoffen auf *(Akk.)*	آمل، تأمل
stolz sein auf *(Akk.)*	فخور بـ
sich verlassen auf *(Akk.)*	اعتمد على
warten auf *(Akk.)*	انتظر

Über

denken über *(Akk.)*	فكر في / حول
sich freuen über *(Akk.)*	انسر لـ (ماض)
sich beschweren über *(Akk.)*	اشتكى من
lachen über *(Akk.)*	سخر من
sich unterhalten über *(Akk.)*	تحادث عن

تعابير أخرى

bitten um *(Akk.)*	ترجى
sich bewerben um *(Akk.)*	قدم طلباً من أجل
sich kümmern um *(Akk.)*	اعتنى بـ
sich interessieren für *(Akk.)*	اهتم بـ
Angst haben vor *(Dat)*	خشي من
warnen vor *(Dat)*	حذر من

Übung 20 – Was passt zusammen?			تمرين ٢٠ ـــ ضع الجواب المناسب!
1.	Gibt es noch etwas davon?	a	ذلك جميل جداً.
2.	Es gibt etwas.	b	الطقس جميل اليوم.
3.	Haben Sie etwas Geld?	c	وأخيراً لدينا يوم جميل.
4.	Haben Sie etwas davon?	d	الطقس جميل.
5.	Geben Sie ihm etwas mehr davon!	e	أميركا بلد جميل.
6.	Geben Sie mir etwas!	f	لقد أعطيته شيئاً.
7.	Nein, sie haben nichts.	g	ذلك جيد.
8.	Was halten Sie davon?	h	أليك شيئ منه؟
9.	Ich habe ihm etwas gegeben.	i	هل لديك بعض النقود؟
10.	Das ist gut.	j	اعطني شيئاً!
11.	Ein schönes Land ist Amerika.	k	اعطه شيئاً إضافياً منه!
12.	Wir haben heute schönes Wetter.	l	هناك شيئ.
13.	Das ist sehr schön.	m	هل هناك شيئ إضافي منه؟
14.	Das Wetter ist schön.	n	كلا، لا يملكون شيئاً.
15.	Ein schöner Tag ist endlich hier.	o	ما رأيك بذلك؟

Lösung الحل

1. m 2. l 3. i 4. h 5. k 6. j 7. n 8. o

9. f 10. g 11. e 12. c 13. a 14. d 15. c

Lektion Neunundzwanzig
الدرس التاسع والعشرون

- **بالتأكيد، افترض ذلك، إلخ ...** **aber sicher, ich nehme es an ...**

طبعاً، بالتأكيد!	Aber sicher!
طبعاً، من البديهي!	Natürlich!
موافق!	Einverstanden!
لا بأس / موافق	In Ordnung.
أوافق على ذلك.	Ich bin damit einverstanden.
هذا طبيعي.	Das versteht sich.
حقيقة؟	Tatsächlich?
بالتأكيد؟	Wirklich?
هذا أدهى وأمرّ.	Um so schlimmer.
حسناً! يكون أحسن!	Um so besser.
أظن ذلك.	Ich denke, ja!
أفترض ذلك.	Ich nehme es an.
لا أفترض ذلك.	Ich nehme es nicht an.
آمل ذلك، إن شاء الله!	Ich hoffe. / Hoffentlich.
لا آمل ذلك.	Ich hoffe, nicht.
قد يكون الأمر كذلك.	Vielleicht doch.
ذلك يتوقف على الظروف.	Das hängt davon ab.
بالتأكيد، أكيد	Sicher / Sicherlich.
كلا.	Sicher nicht.

- **إنه رجل عظيم!** **Er ist ein famoser Kerl!**

إنها امرأة رائعة!	Sie ist eine sagenhafte Frau!
إنه رجل عظيم	Er ist ein famoser / ein großartiger Kerl
إنه رائع. (لغة عامية)	Er ist klasse.
إنه جداً لطيف.	Er ist sehr nett.
إنها امرأة أسطورية.	Sie ist eine fabelhafte Frau.
إنها رائعة. (لغة عامية)	Sie ist klasse.
نها جداً لطيفة.	Sie ist sehr liebenswürdig.
إنهم جداً لطفاء.	Sie sind sehr liebenswürdig.

Übung 21 – Was passt zusammen?			**تمرين ٢١ ـــــ ضع الجواب المناسب!**
1.	Das ist schade!	a	بالتأكيد، بالطبع
2.	Das macht nichts.	b	أوافق على ذلك
3.	Das macht mir nichts aus.	c	موافق
4.	das hängt davon ab	d	إنه لرجل عظيم
5.	einverstanden	e	أفترض ذلك
6.	Ich bin damit einverstanden.	f	آمل ذلك
7.	Ich hoffe.	g	إنه لمؤسف / لمخجل
8.	aber sicher	h	ذلك يتوقف على الظروف
9.	Er ist ein großartiger Kerl.	i	ذلك لا يهم
10.	Ich nehme es an.	j	ذلك لا يعنيني

Lösung الحل

1. g 2. i 3. j 4. h 5. c 6. b 7. f 8. a 9. d 10. e

• نفس، نفسي، ذات — dasselbe, derselbe, dieselbe

dasselbe (derselbe, dieselbe) / **selbst** (selber)	نفس، ذات
Das ist dasselbe.	إنه نفس الشيئ.
Das sind nicht dieselben.	ليسوا أنفسهم.
zur selben Zeit.	في نفس الوقت.
im (in dem) selben Augenblick.	في نفس اللحظة.
in derselben Stadt	في نفس المدينة.
Ich mache es selbst. / Ich mache es selber.	سأعمل ذلك بنفسي.
Du machst es selbst. / Du machst es selber.	أنت ستعمله بنفسك.
Er macht es selbst. / Er macht es selber.	هو سيعمله بنفسه.
Wir machen es selbst. / Wir machen es selber.	نحن سنعمله بأنفسنا.
Ihr macht es selbst. / Ihr macht es selber.	أنتم ستعملونه بأنفسكم.
Sie machen es selbst.	حضرتك ستعمل ذلك بنفسك.
Sie machen es selbst.	هم سيعملون ذلك بأنفسهم.

• بالفعل، قد — schon

schon	بالفعل، قد
Er ist schon da.	لقد وصل.
Er ist noch nicht da.	لم يأت بعد.
Er hat es schon getan.	لقد فعل ذلك.
Ist er schon fort?	هل غادر بالفعل؟
Nein, er ist noch da (hier).	كلا، إنه لا يزال هنا.
Er ist noch nicht fort.	إنه لم يغادر بعد.
Sind Sie schon fertig?	هل أنت مستعد بالفعل؟

• مفردات — Wortschatz

Milch (die)	حليب	Öl (das)	زيت
Stahl (der)	فولاذ	Sand (der)	رمل
Zinn (das)	زنك	Sturm (der)	عاصفة
Wolle (die)	صوف	Finger (der)	إصبع

Lektion Dreißig
الدرس الثلاثون

• أحب ذلك، إنه يعجبني — das gefällt mir

ذلك يعجبني.	Mir gefällt es.
ذلك يروق لي.	Das gefällt mir.
أحب ذلك.	Das habe ich gern.
يعجبني، أحبه	Ich mag es.
إنه جيد	Das ist gut.
أحب ذلك (الطعام).	Ich mag es.
ذلك جيد جداً.	Das ist sehr gut.
ذلك يعجبني كثيراً.	Das gefällt mir sehr.
إنه يعجبني جداً.	Es gefällt mir großartig.
أنا متحمس لذلك.	Ich bin begeistert davon.
أتحب ذلك؟	Magst du es gern?
هو يعجبها.	Er gefällt ihr.
هي تعجبه.	Sie gefällt ihm.
إنه مضحك، إنه غريب	Das ist komisch.

• لا يعجبني ذلك، إنه سيئ — Ich mag es nicht.

لا أحب ذلك.	Ich mag es nicht.
لا يعجبني ذلك.	Das gefällt mir nicht.
لا أستلطفه.	Ich mag ihn nicht.
لا أستلطفها.	Ich mag sie nicht.
ليس ذلك جيداً.	Das ist nicht gut.
ذلك سيئ.	Das ist schlecht.
ليس ذلك جميلاً.	Das ist nicht schön.
ليس ذلك خلوقاً بك.	Das ist nicht schön von Ihnen.
ذلك عديم القيمة.	Das ist wertlos.
إنه لمضجر.	Es ist langweilig.
تلك حماقة.	Es ist blöd.
إنه مضجر بشكل. (لغة عامية)	Es ist nervtötend.

Übung 22 – Was passt zusammen?			تمرين ٢٢ ــــ ضع الجواب المناسب!
1.	Ich mag es nicht.	a	إنه لغريب.
2.	Das ist wertlos.	b	إنه ممل.
3.	Das ist schön.	c	أتحب ذلك؟
4.	Es ist langweilig.	d	إنه يعجبها.
5.	Magst du es gern?	e	ذلك يعجبني.
6.	Er gefällt ihr.	f	ذلك سيئ.
7.	Das gefällt mir nicht.	g	ذلك جميل.
8.	Das ist schlecht.	h	لا أحب ذلك.
9.	Mir gefällt es.	i	ذلك لا يعجبني.
10.	Das ist komisch.	j	ذلك عديم القيمة.

Lösung الحل

1. h 2. j 3. g 4. b 5. c 6. d 7. i 8. f 9. e 10. a

EIN WITZ

Zwei Freunde gehen in ein Restaurant und jeder bestellt ein Beefsteak. Ein paar Minuter später kommt der Kellner zurück und bringt ein großes und ein kleines Stück Fleisch.
Der eine Freund nimmt sich sofort das große Stück. Der andere wird wütend und sagt zu ihm: „Was für schlechte Manieren du hast! Weißt du nicht, dass du als erster das kleinere Stück hättest nehmen sollen?"
Der andere Freund antwortet: „Welches Stück hättetst du denn genommen, wenn du an meiner Stelle gewesen wärst?"
„Das kleinere, natürlich", sagt der eine.
„Nun gut", antwortet der andere. „Worüber beschwerst du dich denn? Du hast es doch, nicht wahr?"

نكتة

ذهب صديقان لتناول الطعام في مطعم، ويطلب الاثنان شريحة لحم. يأتي النادل بالطعام بعد قليل، جالباً شريحة لحم كبيرة وأخرى صغيرة. يستولي أحدهما على قطعة اللحم الكبيرة، بينما يجيبه الآخر مناقضاً: كم أنت قليل الأدب! ألا تعلم أن الأول يأخذ القطعة الأصغر؟ فيجيبه الآخر: لو كنت مكاني، أية قطعة كنت أخذت؟

القطعة الصغيرة، أردف الآخر.

إذن، مما تشكو، فهي لك.

ملاحظة:

1.	ein paar	بعض
	ein Paar	زوج، اثنان
2.	Später kommt der Kellner zurück:	مثل على تركيب عكسي: (الفعل ثم الفاعل)
3.	werden	هنا بمعنى أصبح
4.	Ich hätte nehmen sollen:	صيغة الاحتمال في الماضي المركب
5.	Du hättest genommen:	صيغة الاحتمال للماضي

Welches Stück nähmst du (oder: würdest du nehmen), wenn du an meiner Stelle wärst?

ما هي القطعة التي كنت أخذتها لو **كنت** مكاني؟

Übung 2 – Wiederholung

تمرين ٢ـ مراجعة

1. Er hat es ________ (في) Seine Tasche getan.
   a) auf
   b) in
   c) im

2. Es ist ________ (تحت) dem Stuhl.
   a) darin
   b) unter
   c) unten

3. Sie können es ________ (دون) Schwierigkeiten tun..
   a) ohne
   b) durch
   c) mit

4. Ich habe es ________ (تحت) einem Haufen Papier gefunden..
   a) über
   b) unter
   c) oben

5. Man sagt, es sei ________ (حقيقي).
   a) spricht
   b) wahr
   c) das

6. Ich ________ (أذهب) zur Bank.
   a) gehen
   b) geht
   c) gehe

7. Er ________ (يذهب) aufs Land.
   a) geht
   b) muss
   c) gehen

8. Geben Sie mir ________ (قليل) Wasser .

a) wenig

b) viel

c) hier

9. Ich habe nicht ________ (كثير) Geld.

a) wenig

b) viel

c) zu viel

10. Das ist ________ (أكثر) als das.

a) weniger

b) mehr

c) früh

11. Das ist nicht ________ (كاف) .

a) noch

b) gut

c) genug

12. Sie ist ____________ (جميلة).

a) gut

b) schön

c) nett

13. ________ (كما) Sie wünschen.

a) Nicht

b) Wie

c) Sehr

14. Wir sind ________ (جميع) da.

a) wie

b) genug

c) alle

15. ________ (كل واحد) weiß es.

a) Alle
b) Jeder
c) Ganz

16. Ich ________ (أفكر) nie daran.

a) halte
b) denke
c) bin

17. Ich ________ (آمل) nicht.

a) helfe
b) hoffe
c) nehme an

18. Das macht ________ (لا شيئ) .

a) nicht
b) nichts
c) schon

19. Das ist ________ (ذات الشيئ) .

a) dasselbe
b) schon
c) natürlich

20. Sind Sie ________ (بالفعل) fertig?

a) selbst
b) schöner
c) schon

Lösung الحل

1. b 2. b 3. a 4. b 5. b 6. c 7. a 8. a 9. b 10. b
11. c 12. b 13. b 14. c 15. b 16. b 17. b 18. b 19. a
20. c

• مفردات **Wortschatz**

رزمة	Bündel (das)	درس	studieren
كرتون	Karton (der)	قاس	hart
مزرعة	Farm (die)	سيارة	Wagen (der)
فقر / خلاف	Unterscheid (der)	الوسط	Mitte (die)

Lektion Einunddreißig
الدرس الحادي والثلاثون

- **من، ماذا، كيف، إلخ ...** **wer. was, wie, etc. ...**

من؟	Wer?
ماذا؟	Was?
ماذا قال؟	Was hat er gesagt?

يعرب اسم الاستفهام wer بالشكل التالي:

من قال ذلك؟	Wer hat das gesagt?	من (فاعل)	wer
نقود من هذه؟	Wessen Geld ist das?	من (مضاف إليه)	wessen
لمن قلت ذلك؟	Wem haben Sie das gesagt?	لمن	wem
من تحب؟	Wen lieben Sie?	من (مفعول به)	wen

١ـ من؟ Wer?

من هناك؟	**Wer ist da?**
من أنت؟	**Wer sind Sie?**
من يعرف ذلك؟	**Wer weiß das?**
من يأتي معنا؟	**Wer kommt mit uns?**
من يخص ذلك؟	**Wem gehört das?**
لمن هذا؟	**Für wen ist das?**
مع من تتكلم؟	**Mit wem sprechen Sie?**
عمن تتكلم؟	**Über wen sprechen Sie?**
مع من تأتي؟	**Mit wem kommen Sie?**
من تريد رؤيته؟	**Wen möchten Sie sehen?**
عمن تفتش؟	**Wen suchen Sie?**

٢ ما / ماذا؟ Was?

بما؟ (لا تستعمل was مع حرف جر)	**Mit was? Womit?**
عما؟ (لا تستعمل was مع حرف جر)	**Über was? Worüber?**
لما؟ ما الغاية؟	**Wozu?**

Was gibt es Neues?	هل هناك من جديد؟
An wen denken Sie?	في من تفكر؟
Was brauchen Sie?	ماذا تحتاج؟
Was sagen Sie?	ماذا تقول؟
Was sagen Sie dazu?	ما رأيك في ذلك؟
Was tun Sie?	ماذا تفعل؟
Was möchten Sie?	ماذا تريد؟
Was wollen Sie jetzt tun?	ماذا تريد أن تفعل الآن؟
Was möchten Sie sagen?	ماذا تريد أن تقول؟
Was suchen Sie?	عما تفتش؟
Was haben Sie?	ما لديك؟
Was hat er?	ما لديه؟

ملاحظة:

إن أسماء الاستفهام المذكورة تستعمل كأسماء. إن صيغة المذكر والمؤنث لـــ wer إلخ ... تعود فقط على الأشخاص. أما صيغة الحيادي was فإنها تعود على الأشياء فقط ولا تتغير صيغتا المذكر والمؤنث في حالتي ألـــ Akkusativ و ألـــ Dativ، wen و wem إذا سبقتا بحرف جر.

مثال:

Mit wem kommt er?	مع من سيأتي؟
Mit seinem Vater / seiner Mutter.	مع والده / مع والدته.
Für wen kauft sie den Mantel?	لمن تشتري المعطف؟
Für ihren Sohn / ihr Kind.	لابنها / لطفلها.

أما صيغة الحيادي was فإنها تتغير إلى wo مرتبطة بحرف جر وتندمج بها. إن اسم الاستفهام was لا يرتبط أبداً بحرف جر وإنما يصبح بالشكل التالي:

بما؟	womit	<–	تصبح	Mit was
من أجل ما؟	wofür	<–	تصبح	Für was
لأية غاية؟	wozu	<–	تصبح	Zu was
عما؟ / حول ما؟	worüber	<–	تصبح	Über was
عن أي طريق؟	wodurch	<–	تصبح	Durch was

مثال:

بما نرى؟ ـــــ بأعيننا.	Womit sehen wir? – Mit den Augen.
من أجل ما يناضلون؟ من أجل الحرية.	Wofür kämpfen sie? – Für die Freiheit.

٣ أي؟ / أية؟ Welcher? – Welche? – Welches?

إن أسماء الاستفهام المذكورة تستعمل للسؤال عن الشخص أو الشيئ بذاته، وذلك من ضمن مجموعة من الأشخاص أو الأشياء. ويظهر على نهاية هذا الاسم نهاية أداة التعريف der, die, das وصيغة الجمع لهذه الأسماء هي welche.

أية حديقة هي الأجمل؟	**Welcher Garten ist der schönste?**
أيتها هي حديقتك؟	**Welcher ist Ihr Garten?**
أي، أية	**Welcher, welche, welches?**
أي رجل؟	**Welcher Mann?**
أية رجال؟	**Welche Männer?**
أي كتاب؟	**Welches Buch?**
أي يوم هذا؟	**Welcher Tag ist heute?**
في أي شهر نحن؟	**In welchem Monat sind wir?**
أية امرأة؟	**Welche Frau?**
أي نساء؟	**Welche Frauen?**
يا له من خلاف	**Welch ein Unterschied!**
ما الفرق بين الشيئين؟	**Welcher Unterschied besteht zwischen beiden Dingen?**

٤ ما نوع ...؟ **Was für ein, eine, ein?**

يستخدم هذا التعبير غالباً للإستفهام عن شخص أو شيئ غير معروف من مجموعة أشخاص أو أشياء غير معروفة. ونسأل به كذلك عن خاصية معينة في الشخص، أو الشيئ. وعند إعرابه نعرب فقط أداة التنكير في صيغة المفرد، أما التعبيرwas für فيبقى كما هو. وصيغة الجمع لهذا التعبير هو was für دون أداة. مثال:

ما نوع هذا الحذاء؟	Was für ein Schuh ist das?
إنه حذاء أسود.	Das ist ein schwarzer Schuh.
ما نوع هذه الأحذية؟	Was für Schuhe sind das?
إ نها أحذية سوداء.	Das sind schwarze Schuhe.
هذه سوداء.	Das sind schwarz.
ما نوع هذا الرجل؟	Was für ein Mann ist das?
ما نوع الفيلم الذي تراه؟	Was für einen Film sehen Sie?
ما نوع هذه الناس؟	Was für Menschen?

٥ كيف؟ **Wie?**

كيف؟	**Wie?**
ولكن كيف؟	**Aber wie?**
كيف تعني ذلك؟	**Wie meinen Sie das?**
ما اسمك؟	**Wie heißen Sie?**
ما اسم هذه المدينة؟	**Wie heißt diese Stadt?**
كيف الحال؟	**Wie geht 's?**
كيف تكتب هذه الكلمة في الألمانية؟	**Wie schreibt man das Wort auf Deutsch?**
كيف تقول ذلك في الانكليزية؟	**Wie sagen Sie das auf Englisch?**
كيف تقول شكراً في الألمانية؟	**Wie sagen Sie „Thanks" auf Deutsch?**
كيف حدث ذلك؟	**Wie ist das geschehen?**
كيف يُفعل ذلك؟	**Wie macht man das?**
كيف فعلت ذلك؟	**Wie haben Sie das gemacht?**
كيف يصل المرء إلى هناك؟	**Wie geht man dorthin?**
كم الساعة؟	**Wie viel Uhr ist es?**
في أية ساعة؟	**Um wie viel Uhr?**

٦ متى؟ Wann?

متى يكون ذلك؟	**Wann ist das?**
متى ستأتي؟	**Wann kommen Sie?**
إلى متى ستبقى؟	**Bis wann bleiben Sie?**
متى تذهب؟	**Wann gehen Sie?**
متى تسافر؟	**Wann fahren Sie ab?**
متى يأتي؟	**Wann kommt er?**
مذ متى أنت هنا؟	**Seit wann sind Sie hier?**

٧ لماذا؟ Warum?

ولما لا؟	**Und warum nicht?**
لما تقول ذلك؟	**Warum sagen Sie das?**
لما فعل ذلك؟	**Warum hat er das getan?**

Übung 23 – Was passt zusammen?			تمرين ٢٣ ـــــ ضع الجواب المناسب!
1.	Was tun Sie?	a	هل هناك من جديد؟
2.	Was wünschen Sie?	b	ماذا تحتاج؟
3.	Was gibt es?	c	ولما لا؟
4.	Was möchten Sie sagen?	d	لما تقول ذلك؟
5.	Was suchen Sie?	e	لما فعل ذلك؟
6.	Wie heißt diese Straße?	f	ما اسمك؟
7.	Was macht das aus?	g	كيف الحال؟
8.	Welch ein Unterschied!	h	ولكن كيف؟
9.	Welcher ist besser?	i	متى ستسافر؟
10.	Wann fahren Sie ab?	j	من أنت؟
11.	Wer sind Sie?	k	من تريد أن ترى؟
12.	Wen möchten Sie sehen?	l	يا له من خلاف!
13.	Was brauchen Sie?	m	أيها هو الأفضل؟
14.	Warum hat er das getan?	n	ماذا تعني؟
15.	Aber wie?	o	عما تفتش؟
16.	Wie geht's?	p	ما هناك؟
17.	Warum sagen Sie das?	q	ما أهمية ذلك؟
18.	Und warum nicht?	r	ما اسم هذا الشارع؟
19.	Was gibt es Neues?	s	ماذا تفعل؟
20.	Wie heißen Sie?	t	ماذا ترغب؟

Lösung الحل

1. s 2. t 3. p 4. n 5. o 6. r 7. q 8. l
9. m 10. i 11. j 12. k 13. b 14. e 15. h
16. g 17. d 18. c 19. a 20. f

- **كم؟** **Wie viel?** (غير قابل للتعداد)

السعر؟	**Der Preis?**
كم السعر؟	**Was ist der Preis?**
كم؟	**Wie viel?**
كم سعره؟ كم يساوي ذلك؟	**Wie viel macht es?**
كم كلفة الجميع؟	**Wie viel für alles?**
كم سعر الوحدة؟	**Wie viel für jedes?**
كم سعر الاثني عشرة؟	**Wie viel pro Dutzend?**
كم تريد ثمناً لذلك؟	**Wie viel wollen Sie dafür haben?**
كم من النقود؟	**Wie viel Geld?**
كم من الوقت؟	**Wie viel Zeit?**

Wie viel Zeit braucht man, um dorthin zu kommen?

كم يلزم من الوقت للوصول إلى هناك؟

- **كم؟** **Wie viele?** (قابل للتعداد)

كم عددهم هناك؟	**Wie viele sind dort?**
كم يبقى منهم؟	**Wie viele bleiben davon übrig?**
كم تملك من ذلك؟	**Wie viele haben Sie davon?**
كم تاريخ اليوم؟	**Den wie vielten haben wir heute?**
ما هو تاريخ الاثنين؟	**Der wie vielte ist Montag.**

Übung 24 – Was passst zusammen?			تمرين ٢٤ ـــــ ضع الجواب المناسب!
1.	Wie viel gibt es davon?	a	كم يبقى من ذلك؟
2.	Wie viel macht es?	b	ما تاريخ اليوم؟
3.	Wie viel möchten Sie davon?	c	ما تاريخ الاثنين؟
4.	Welcher Preis?	d	كم السعر؟
5.	Wie viel Zeit? Wie lange?	e	أي سعر؟
6.	Den wie vielten haben wir?	f	ما هو السعر؟
7.	Wie viel bleibt davon übrig?	g	كم تريد من ذلك؟
8.	Wie viele haben Sie davon?	h	كم من الوقت؟
9.	Was ist der Preis?	i	كم لديك منهم؟
10.	Der wie vielte ist Montag?	j	كم عدد ذلك؟

Lösung الحل

1. j 2. d 3. g 4. e 5. h 6. b 7. a 8. i 9. f 10. c

Lektion Zweiunddreißig

الدرس الثاني والثلاثون

• بعض، أحد ما، أحياناً — etwas, jemand, manchmal

بعض، قليل	etwas
بعض النقود	etwas Geld
شيئ جديد	etwas Neues
بعض الناس، بعض الأشخاص	einige Menschen, einige Leute
بضعة كلمات	einige Wörter
أحد ما	jemand
هل هناك أحد يستطيع فعل ذلك؟	Ist jemand hier, der das kann?
أحياناً	manchmal
أراه أحياناً.	Ich sehe ihn manchmal.

• مرة، مرتين — einmal, zweimal

مرة	einmal
مرتين	zweimal
المرة الأولى	das erste Mal
المرة القادمة	das nächste Mal
المرة الأخيرة	das letzte Mal
مرة أخرى	noch einmal
كل مرة	jedes Mal, jedesmal
هذه المرة	dieses Mal, diesmal

• حتى bis

حتى	bis
حتى الآن	bis jetzt
لم يجد عملاً حتى الآن.	Bis jetzt hat er keine Arbeit gefunden.
إلى هناك، حتى هناك	bis dort
نسافر إلى هناك.	Wir fahren bis dorthin.
حتى النهاية	Bis zu Ende.
أبقى حتى نهاية آب.	Ich bleibe bis Ende August.
حتى المحطة	bis zum Bahnhof.
يقودنا بالسيارة حتى ميونيخ.	Er fährt uns nur bis München.
يقودنا حتى المحطة.	Er fährt uns bis zum Bahnhof.
حتى اليوم مساء / أراك اليوم مساء.	bis heute Abend
إذن، أراك اليوم مساء.	Also, bis heute Abend!
يُعرض الفيلم حتى اليوم مساء.	Der Film spielt bis heute Abend.
إلى الغد، أراك غداً.	bis morgen
حتى الاثنين، أراك الاثنين.	bis Montag

• إني بحاجة إلى ذلك، إنه ضروري Ich brauche es.

أنا بحاجته.	Ich brauche es.
لا يحتاج إلى ذلك.	Das braucht er nicht.
أتحتاج شيئاً؟	Brauchen Sie etwas?
لا أحتاج شيئاً.	Ich brauche nichts.
لا أحتاج إليه البتة.	Ich brauche es überhaupt nicht.
لست بحاجة لشرائه.	Ich brauche es nicht zu kaufen.
من الضروري جداً أن أكلمه.	Es ist unbedingt notwendig, dass ich Sie spreche.
يجب أن تقول له ذلك.	Sie müssen es ihm sagen.
عليك أن تعود مبكراً إلى البيت.	Sie müssen früh nach Hause kommen.
يجب أن تقول الحقيقة.	Sie müssen die Wahrheit sagen.

ملاحظة:

إن الفعل الأصلي الذي يرد مع الفعل الواصف للحال müssen (فعل مساعد) يحتل الموقع الأخير في الجملة ويكون بشكل المصدر. وهناك أفعال أخرى من هذه الأفعال المساعدة.

سمح	dürfen	أحبَّ	mögen	وجب	müssen
لزم أن	sollen	قدر	können	أراد	wollen

أحب أن يكون ذلك لديّ.	**Ich möchte es *haben*.**
لا أحب أن أذهب إلى هناك.	**Ich möchte nicht dorthin *gehen*.**
أحب أن آكل تفاحة.	**Ich möchte gern einen Apfel *essen*.**
أتحب مشاهدة الفيلم ؟	**Möchten Sie gern den Film *sehen*?**

- **في المنزل** **zu Hause**

في المنزل	**zu Hause**
في منزل فلان، عند فلان	**bei**
اعتبر نفسك في منزلك!	**Fühlen Sie sich wie zu Hause!**
كنا عند أصدقاء.	**Wir waren bei Freunden.**
سأراك في منزل آل موللر.	**Ich werde Sie bei Müllers sehen.**
كان عند الطبيب.	**Er war beim** (bei dem) **Arzt.**
عرج علينا!	**Kommen Sie zu uns!**
هل السيد موللر في المنزل؟	**Ist Herr Müller zu Hause?**
على أن أزور الطبيب.	**Ich muss zum Arzt gehen.**

Ich wohnte bei meinen Eltern, als ich die Stellung bekam.

كنت أسكن في منزل والدي عندما استلمت الوظيفة.

- **Hier ist es!** **ها هو!**

Hier ist es!	ها هو!
Hier bin ich.	أنا هنا.
Hier ist er.	هو هنا.
Hier ist sie.	هي هنا.
Hier sind sie.	هم هنا.
Hier ist das Buch.	الكتاب هنا.
Dort ist er.	هناك هو!
Dort ist es	هناك هو!
Dort ist sie.	هناك هي!
Dort sind sie.	هناك هم!

Übung 25 – Was passt zusammen?			**تمرين ٢٥ ـــــ ضع الجواب المناسب!**
1.	Ich brauche etwas Geld.	a	حتى نهاية أيار.
2.	einmal	b	أحتاج إلى ذلك.
3.	Bis Ende Mai.	c	هنا الكتاب.
4.	Ich brauche das.	d	أحتاج إلى بعض النقود.
5.	Hier ist das Buch.	e	مرة

Lösung الحل

1. d 2. e 3. a 4. b 5. c

Übung 4 – Wiederholung تمرين ٤ ـ مراجعة

1. ________ (ما) ist der Name dieser Stadt?

   a) Was

   b) Welches

   c) Wann

2. ________ (من) sind Sie?

   a) Wer

   b) Welcher

   c) Wo

3. ________ (متى) wird er kommen?

   a) Wenn

   b) Wann

   c) Welcher

4. ________ (لما) sagen Sie das?

   a) Wo

   b) Wann

   c) Warum

5. Das ________ (١٢) Kapitel ist sehr lang.

   a) zwölfte

   b) siebzehnte

   c) sechste

6. Der Hut hat mich ________ (٥٤) Mark gekostet.

   a) fünfundfünfzig

   b) fünfundvierzig

   c) vierundfünfzig

7. Ich wohne in der Friedrichstraße Nummer ________ (١٧).

   a) dreiunddreißig

   b) siebzehn

   c) siebzig

8. es ist ________ (ظهراً).

a) Mittag

b) Mitternacht

c) elf Uhr

9. wir sehen uns um ________ (٦) Uhr.

a) fünf

b) sieben

c) sechs

10. Es ist ________ (وقت), es zu tun.

a) Uhr

b) Zeit

c) Stunde

11. Wir haben heute ________ (الأربعاء).

a) Dienstag

b) Mittwoch

c) Montag

12. Er fährt ____________ (الثلاثاء) ab.

a) Dienstag

b) Donnerstag

c) Mittwoch

13. Heute ist der erste ________ (حزيران).

a) Juni

b) Juli

c) August

14. Er hat ________ (يحتاج) da.

a) wie

b) genug

c) alle

15. ________ (كيف) schreibt man das Wort auf Deutsch?

a) Warum

b) Wie

c) Wann

16. Ich bin am ________ (١٢) geboren.

a) zwanzigsten

b) elften

c) zwölften

17. ________ (هنا) das Buch.

a) Hier ist

b) Dort ist

c) Wo

18. Ich habe mein ________ (نقود) verloren .

a) Tasche

b) Geld

c) Hof

19. Er arbeitet von ________ (صباحاً) bis abends .

a) morgens

b) nachts

c) nachmittags

20. An welcher Station muss ich ________ (أنزل)?

a) gehen

b) aussteigen

c) anrufen

Lösung الحل

1. a 2. a 3. b 4. c 5. a 6. c 7. b 8. a 9. c 10. b
11. b 12. a 13. a 14. b 15. b 16. c 17. a 18. b 19. a
20. b

Lektion Dreiunddreißig
الدرس الثالث والثلاثون

• في الطريق unterwegs

عفواً!	Verzeihung!
عفواً!	Entschuldigen Sie!
ما اسم هذه المدينة؟	Wie heißt diese Stadt?
كم نبعد عن برلين؟	Wie weit sind wir von Berlin?
كم كيلومتر من هنا حتى لينتس؟	Wie viele Kilometer sind es von hier bis Linz?
من هنا عشرة كيلومترات.	Von hier sind es zehn Kilometer.
من هنا عشرون كيلومتراً.	Das ist zwanzig Kilometer von hier.
كيف أصل من هنا إلى زالتسبورغ؟	Wie komme ich von hier nach Salzburg?
سر على طول هذا الشارع!	Fahren Sie diese Straße entlang!
أين يجب أن أنعطف؟	Wo soll ich abbiegen?
أمسموح وقوف السيارة هنا؟	Darf ich hier parken?

• أمسموح الوقوف هنا؟ Darf man hier parken?

كيف أصل إلى هذا العنوان؟	Wie komme ich zu dieser Adresse?
بامكانك أن تقول لي كيف أصل إلى هذا العنوان.	Können Sie mir sagen, wie ich zu dieser Adresse komme?
أيمكنك أن تخبرني كيف أصل إلى هناك؟	Können Sie mir sagen, wie ich dorthin komme?
عل لديك مخطط للمدينة؟	Haben Sie einen Stadtplan?
أظن أني ضللت الطريق.	Ich glaube, ich habe mich verlaufen.
ما اسم هذا الشارع؟	Wie heißt diese Straße?
أيمكنك أن تخبرني أين يقع هذا الشارع؟	Können Sie mir sagen, wo sich diese Straße befindet?
أين شارع قيصر؟	Wo ist die Kaiserstraße?
كم يبعد من هنا؟	Ist es weit von hier?
كم هو بعيد؟	Wie weit ist es?
أأستطيع السير إلى هناك؟	Kann ich zu Fuß dahin?
هل هو في القرب؟	Ist es in der Nähe?
إنه الشارع الثالث على اليمين.	Es ist die dritte Straße rechts.

Gehen Sie diesen Weg!	سر على هذا الطريق!
Gehen Sie geradeaus!	سر على طول الطريق!
Gehen Sie zur Ecke und dann links!	سر حتى الزاوية ثم على اليسار.
Nehmen Sie die erste Seitenstraße rechts!	انعطف على اليمين في أول شارع جانبي.
Wo befindet sich die Garage?	أين هو الكراج؟
Wo befindet sich das Polizeiamt?	أين مركز الشرطة؟
Wo befindet sich das Museum?	أين هو المتحف؟

• الحافلة، القطار، المترو — Der Bus, der Zug, die U-Bahn

Wo ist die Bushaltstelle?	أين موقف الحافلات؟
Wie viel kostet eine Fahrt?	كم ثمن التذكرة؟
Sagen Sie mir bitte, wann ich aussteigen muss.	قل لي من فضلك متى يجب أن أنزل؟
An welcher Station muss ich aussteigen?	في أية محطة علي النزول؟
Wo muss ich aussteigen?	أين يجب أن أنزل؟
Wo ist der Bahnhof?	أين محطة القطار؟
Wohin fährt dieser Zug?	إلى أين يسافر هذا القطار؟
Wo bekomme ich den Zug nach Berlin?	أين هو القطار إلى برلين؟
Auf Gleis 2.	على الرصيف رقم ٢ .
Der Zug ist gerade abgefahren.	لقد غادر القطار للتو.
Um wie viel Uhr fährt der nächste Zug ab?	في أية ساعة ينطلق القطار التالي؟
Kann ich eine Rückfahrkarte nach Berlin haben?	أيمكنني الحصول عل تذكرة عودة إلى برلين؟
Wie viel macht das?	كم ثمنها؟
Siebzig Mark fünfundzwanzig.	سبعون ماركاً ونصف.
Wie lange dauert die Reise?	كم ندوم الرحلة.
Etwa über eine Stunde.	أكثر من ساعة تقريباً.
Gibt es einen Taxistand in der Nähe?	أيوجد في القرب موقف لسيارات الأجرة؟
Wo ist die nächste U-Bahn-Station?	أين المحطة التالية لقطار الأنفاق؟

● مفردات Wortschatz

جديد	neu
أستراليا	Australien
مدور	rund
آذار	März
كسر	brechen
عطر	Parfüm (das)
خطأ، مزور	falsch
لطيف	freundlich
طازج	frisch
أخضر	grün

Lektion Vierunddreißig
الدرس الرابع والثلاثون

• المراسلة — Die Korrespondenz

Ich möchte einen Brief schreiben.	أريد أن أكتب رسالة.
Haben Sie einen Bleistift?	هل لديك قلم رصاص؟
Haben Sie einen Kugelschreiber?	هل لديك قلم ناشف.
Haben Sie eine Feder?	هل لديك قلم حبر؟
Haben Sie Schreibpapier?	هل لديك ورق رسائل؟
Haben Sie einen Brifumschlag?	هل لديك مغلف؟
Haben Sie einen Briefmarke?	هل لديك طابع بريدي؟
Wo kann ich Briefmarken kaufen?	أين يمكنني شراء طابع؟
Haben Sie eine Luftpostmarke?	هل لديك طابع البريد الجوي؟
Wo befindet sich das Postamt?	أين مكتب البريد؟
Wie viele Briefmarken brauche ich für diesen Brief?	كم طابع يلزمني لهذه الرسالة؟
Ich möchte diesen Brief aufgeben.	أريد أن أبعث رسالة.
Wo ist der Briefkasten?	أين صندوق البريد؟
An der Ecke.	على الزاوية.

• الفاكس والبرقية — Telefax und Telegramm

Ich möchte ein Telefax senden.	أريد أن أرسل فاكساً.
Ich möchte etwas faxen.	أريد أن أبعث فاكساً.
Wo kann ich ein Telefax aufgeben?	أين يمكنني إرسال فاكس؟
Wie viel kostet ein Telefax nach Berlin?	كم يكلف الفاكس إلى برلين؟
Ich möchte ein Telegramm senden.	أريد أن أرسل برقية.
Wo befindet sich das Telegrafenamt?	أين مكتب البرقيات؟
Es ist im Postamt.	إنه في مكتب البريد.
Wie viel kostet ein Telegramm nach Berlin?	كم تكلف برقية إلى برلين؟

• الهاتف Das Telefon

Gibt es hier ein Telefon?	أيوجد هنا هاتف؟
Wo kann ich telefonieren?	أين يمكنني أن أهتف؟
Wo befindet sich das Telefon?	أين هو الهاتف؟
Wo ist ein öffentlicher Fernsprecher?	أين يوجد هاتف للعموم؟
Im Zigarettengeschäft.	في محل بيع الدخان .
Darf ich (Dürfte ich) Ihr Tefon benutzen?	أيمكنني استعمال الهاتف؟
Selbstverständlich! Bitte sehr!	طبعاً، تفضل!
Ein Ferngespräch, bitte.	مخابرة خارجية من فضلك.
Was kostet ein Gespräch nach Hamburg?	كم تكلف المخابرة إلى هامبورغ؟
Bitte, sieben elf einundzwanzig.	من فضلك رقم ٧١١٢١
Einen Augenblick, bitte.	لحظة من فضلك.
Die Leitung ist besetzt.	الخط مشغول.
Sie haben mich falsch verbunden.	الرقم خطأ.
Niemand antwortet.	لا أحد يجاوب.
Kann ich bitte Herrn Wagner sprechen?	ايمكنني التكلم مع السيد فاغنر؟
Am Apparat.	هو معك على الخط.
Hier Lorenz.	لورانتس يتكلم.

Lektion Fünfunddreißig
الدرس الخامس والثلاثون

• ما اسمك؟ Wie heißen Sie?

ما اسمك؟	Wie heißen Sie?
اسمي هانس باور.	Ich heiße Hans Bauer.
ما اسمه؟	Wie heißt er?
اسمه فريتس موللر.	Er heißt Fritz Müller.
ما اسمها؟	Wie heißt sie?
اسمها لوته شنايدر.	Sie heißt Lotte Schneider.
ما اسمهم ؟	Wie heißen sie?
هو يدعى لودفيج شميتس وهي غريته ماير.	Er heißt Ludwig Schmitz und sie heißt Grete Meier.
ما اسمه الأول؟	Wie ist sein Vorname?
اسمه الأول مارك.	Sein Vorname ist Mark.
ما هي كنيته ؟	Und wie ist sein Familienname?
كنيته بولفر.	Sein Familienname ist Pulver.

• من أين أنت؟ Woher sind Sie?

من أين أنت؟	Woher sind Sie?
من أين أنت؟	Woher kommen Sie?
أنا من الولايات المتحدة.	Ich bin aus den Vereinigten Staaten.
أنا من برلين.	Ich komme aus Berlin.
أين ولدت؟	Wo sind Sie geboren?
ولدت في هامبورغ.	Ich bin in Hamburg geboren.
أسكن في أنكلترا.	Ich wohne in England.

• كم عمرك؟ Wie alt sind Sie?

كم عمرك؟ Wie alt sind Sie?

عمري عشرون عاماً. Ich bin zwanzig Jahre alt.

سأصبح إحدى وعشرين في الشهر التاسع. Ich werde einundzwanzig im September.

Ich wurde am neunzehnten August neunzehnhundertfünfundfünfzig geboren.

ولدت بتاريخ 19 / 8 / 1955

متى عيد ميلادك؟ Wann ist Ihr Geburtstag?

Mein Geburtstag ist in zwei Wochen, am dreiundzwanzigsten Januar.

عيد ميلادي بعد أسبوعين، في كانتون الثاني 23

كم أخ عندك؟ Wie viele Geschwister haben Sie?

عندي اثنان. Ich habe zwei Brüder.

الكبير عمره 22 عاماً. Der älteste ist zweiundzwanzig (Jahre alt).

هو يدرس في الجامعة. Er besucht die Universtät.

والأصغر 17. Der jüngste ist siebzehn.

هو في آخر سنة من المدرسة الثانوية. Er ist das letzte Jahr auf dem Gymnasium.

وكم أخت لديك؟ Wie viele Schwestern haben Sie?

لدي واحدة. Ich habe eine Schwester.

عمرها 15 سنة. Sie ist fünfzehn.

• ما مهنتك؟ Was sind Sie von Beruf?

ما وظيفتك؟ Was machen Sie beruflich?

ما مهنتك؟ Was sind Sie von Beruf?

أنا طبيب. Ich bin Arzt.

أنا طبيبة. Ich bin Ärztin.

ماذا يعمل والدك. Was tut Ihr Vater?

ماذا تعمل والدتك؟ Was tut Ihre Mutter?

ماذا يعمل زوجك؟ Was tut Ihr Mann?

ماذا تعمل زوجتك؟ Was tut Ihre Frau.

هي محامية. Sie ist Rechtsanwältin.

Er ist Rechtsanwalt.	هو محامٍ.
Er ist Architekt.	هو مهندس معماري.
Sie ist Lehrerin.	هي مدرسة.
Er ist Universitätsprofessor.	هو أستاذ جامعة.
Sie ist Zahnärztin.	هي طبيبة أسنان.
Sie ist Krankenpflegerin.	هي ممرضة.
Er ist Geschäftsmann.	هو تاجر.
Er ist im Textilhandel.	هو تاجر نسيج.
Er ist Landwirt.	هو مزارع.
Sie ist Beamtin.	هي موظفة حكومة.
Er ist Techniker.	هو خبير فني.
Er arbeitet in einer Automobilfabrik.	هو يعمل في مصنع للسيارات.

• الأقارب Die Verwandten

Haben Sie Verwandte hier?	هل لديك أقارب؟
Wohnt Ihre ganze Familie hier?	هل تسكن عائلتك معك؟
Meine ganze Familie außer meinen Großeltern.	كل أفراد العائلة عدا أجدادي.
Sie wohnen auf einem Gut, in Westfalen.	إنهم يسكنون في ضيعة في ويستفالن.
Sind Sie mit Herrn Schneider verwandt?	إهناك قرابة بينك وبين السيد شنايدر؟
Er ist mein Onkel.	إ نه عمي / خالي.
Er ist mein Vetter.	إنه ابن عمي / أبن خالي / ابن خالتي
Sind Sie mit Frau Müller verwandt?	أهناك قرابة بينك وبين السيدة موللر؟
Sie ist meine Tante.	إنها عمتي / خالتي.
Sie ist meine Kusine.	إنها ابنة عمي / خالتي.

Übung 5 – Wiederholung	تمرين 5 ـ مراجعة

1. Wie heißt ________ (هذه) Stadt?

a) dieser

b) dieses

c) diese

2. ________ (كيف) komme ich von hier nach Berlin?

a) Wie viel

b) Wie

c) Welcher

3. ________ (كيف) heißt diese Straße?

a) Was

b) Wann

c) Wie

4. ________ (أين) ist die Friedrichstraße?

a) Wo

b) Wann

c) Dass

5. ________ (اذهب) diesen Weg?

a) Gehen Sie

b) Gehen wir

c) Gehen sie

6. Gehen Sie zur Ecke und nehmen Sie die erste Straße nach ________ (يسار).

a) links

b) rechts

c) weit

7. ________ (كم) macht es?

a) Wie

b) Wie viel

c) Dass

8. Ich möchte einen Brief ________ (كتب).

a) zu schreiben

b) schreiben

c) schreibe

9. Wo kann ich eine ________ (طابع) kaufen?

a) Briefmarke

b) Post

c) Stempel

10. An der Ecke dieser ________ (شارع) gibt es einen Briefkasten.

a) Straße

b) Bahnhof

c) Allee

11. ________ (يوجد) ein Telefon hier?

a) Gibt es

b) Es gibt

c) Haben

12. Fräulein, Sie haben mich ____________ (خطأ) verbunden.

a) falsch

b) viel

c) nicht

13. Was ist sein ________ (الاسم الأول).

c) nennt sich

b) Familie

a) Vorname

14. Wo sind Sie ________ (ولد)?

a) gewesen

b) geboren

c) gekommen

15. Der jüngste ist siebzehn ________ (سنوات) alt?

a) Jahre

b) Jahr

c) jährlich

16. Er ist ________ (محامٍ).

a) Professor

b) Rechtsanwalt

c) Beamter

17. Er ist ________ (عامل) .

a) Arbeiter

b) Geschäftsmann

c) Fabrik

18. Sie wohnen in einem Gut, ________ (بالقرب) von Westfalen. .

a) in der Nähe

b) in

c) weit

19. ________ (اتبع) Dieser Straßenbahn!

a) Gehen Sie

b) Folgen Sie

c) Nehmen Sie

20. Ist es ________ (بعيد) von hier?

a) weit

b) geradeaus

c) nahe

21. Auf ________ (رصيف) zwei.

a) Gleis

b) Rückkehr

c) Zug

22. Das bin ________ (أنا).

a) mir

b) mich

c) ich

23. Das ist nicht ________ (شاغر) .

a) früh

b) falsch

c) frei

24. Sind Sie mit Herrn Schneider ________ (قريب)?

a) gekommen

b) verwandt

c) gefahren

25. Meine ganze Familie ________ (عدا) meinen Großeltern.

a) außer

b) aus

c) davon

Lösung الحل

1. c	2. b	3. c	4. a	5. a	6. a	7. b	8. b	9. a	10. a
11. a	12. a	13. a	14. b	15. a	16. b	17. a	18. a	19. b	
20. a	21. a	22. c	23. c	24. b	25 a				

Lektion Sechsunddreißig
الدرس السادس والثلاثون

• التبضّع Einkaufen gehen

1. **Wie viel kostet das?** كم ثمن ذلك؟
2. **Zehn Mark.** 10 ماركات.
3. **Das ist zu teuer. Haben Sie nichts anderes?** هذا غال جداً. ألديك شيئ آخر؟
4. **Von derselben Sorte?** من نفس الجنس؟
5. **Ja, dasselbe oder etwas Ähnliches.** نعم، نفس الشيئ أو شيئ مشابه.
6. **Wir haben so etwas.** لدينا شيئ كهذا.
7. **Können Sie mir nichts anderes zeigen?** أيمكن أن تريني شيئاً آخر؟
8. **Etwas Billigeres?** شيئاً أرخص؟
9. **Wenn möglich.** إن أمكن ذلك.
10. **Möchten Sie so etwas?** أتريد شيئاً كهذا؟
11. **Das kommt auf den Preis an.** ذلك يتعلق بالسعر.
12. **Das kostet acht Mark.** ثمنه 8 ماركات.
13. **Und das hier? Ist es billiger oder teurer?** وذلك؟ هل هو أرخص أم أغلى؟
14. **Teurer.** أغلى.
15. **Haben Sie nichts anderes?** ألديك شيئ آخر؟
16. **Im Moment nicht, aber ich erwarte einige Neuheiten.**
في الوقت الحاضر لا. لكنني أنتظر أشياء جديدة.
17. **Wann?** متى؟
18. **Jeden Tag. Kommen Sie gegen Ende der Woche.**
كل يوم ارجع قرابة نهاية الأسبوع
19. **Ganz bestimmt. Übrigens, wie viel kostet er?** بالتأكيد. على فكرة، كم ثمنه؟
20. **Fünfzehn Mark das Paar.** 15 ماركاً الزوج.
21. **Geben Sie mir ein Dutzend (davon)!** اعطني 12 منها.
22. **Möchte Sie sie mitnehmen?** أتريد أن تأخذها معك؟
23. **Nein, bitte lassen Sie sie mir zuschicken.** كلا، ارسلها لي!
24. **Immer noch an die selbe Adresse?** على العنوان القديم؟
25. **Ja, es ist immer noch dieselbe.** نعم، إنه لم يتغير.
26. **Dankeschön, auf Wiedersehen!** شكراً جزيلاً. إلى اللقاء!
27. **Auf Wiedersehen!** إلى اللقاء!

Allgemeine Wendungen beim Einkaufen

• مصطلحات عامة عند التسوق

Wo finde ich ...	أين أجد ...؟
Können Sie mir helfen?	بامكانك أن تساعدني؟
Ich schaue mich nur um.	إنني أتفرج فقط.
Ich suche eine Armbanduhr.	أفتش عن ساعة يد.
Zeigen Sie mir einen Pullover.	أرني من فضلك صدرية صوف!
Ich möchte etwas Billigeres.	أريد شيئاً رخيصاً.
Ich möchte etwas Größeres.	أريد شيئاً أكبر.
Ich möchte etwas Kleineres.	أريد شيئاً أصغر.
Können Sie es mir bitte bestellen?	بامكانك أن تطلبه لي.
Ich nehme es.	سأخذه.
Wo ist die Kasse?	أين الصندوق؟
Kann ich das umtauschen?	أيمكنني تبديل ذلك؟
Kann ich mit Reiseschecks bezahlen?	أأستطيع الدفع بشيك سياحي؟

Übung 26 – Was passt zusammen?	تمرين ٢٦ ــــ ضع الجواب المناسب!

1. ________ (كم) macht das?
   a) Wie viel
   b) Wie
   c) Wann

2. Von derselben ________ (نوع)
   a) Sorte
   b) Sache
   c) Abteilung

3. Ja, von der derselben Sorte ________ (أو) etwas Ähnliches.
   a) wann
   b) oder
   c) und

4. Es gibt ________ (هذا)?
   a) den
   b) das
   c) die

5. Etwas ________ (اقل) .
   a) aber
   b) weniger
   c) nichts

6. ________ (ذلك) kommt auf den Preis an.
   a) Das
   b) Dieses
   c) Dem

7. Ich möchte etwas ________ (أرخص).
   a) Kleineres
   b) Billigeres
   c) Größeres

8. ________ (متى) denn?

a) Wie

b) Wie viel

c) Wann

9. Geben Sie mir ein Dutzend ________ (من ذلك)!

a) dort

b) davon

c) dann

10. Nein, schicken Sie ________ (ها) mir, bitte!

a) sie

b) ihnen

c) es

Lösung الحل

1. a 2. a 3. b 4. c 5. b 6. b 7. b 8. c 9. b 10. a

Lektion Siebenunddreißig
الدرس السابع والثلاثون

1. Es ist Viertel nach sieben morgens. Herr und Frau Kleinmann möchten im Frühstückzimmer des Hotels frühstücken.

الساعة السابعة والربع صباحاً. إن السيد والسيدة كلاينمان يرغبان في تناول الفطور في مطعم الفندق

2. Herr K.: **Du bist sicher hungrig, nicht wahr?**

السيد ك: هل أنت جوعانة؟

3. Frau K.: **Ja, ich möchte ein gutes Frühstück essen.**

السيدة ك: نعم، أريد أن أتناول فطوراً جيداً.

4. Herr K.: **Das Frühstückzimmer im Hotel soll sehr gut sein. Die Auswahl und die Bestellung sind erstklassig. Gehen wir dorthin und bestellen Frühstück!**

السيد ك: يقال أن غرفة الإفطار في الفندق جيدة. إن الاختيار والخدمة من الدرجة الأولى. دعينا نذهب إلى هناك ونطلب الفطور.

5. Frau K.: **Das ist eine gute Idee.**

السيدة ك: هذه فكرة جيدة.

6. Herr und Frau Kleinmann gehen ins Café. Die Hostess begrüßt sie und setzt das Ehepaar an einen Tisch. Dann kommt der Kellner mit der Speisekarte.

يدخل السيد والسيدة كلاينمان إلى المقهى. تلقي المضيفة التحية عليهما ويجلس الزوجان على الطاولة ثم يأتي النادل مع لائحة الطعام.

7. Herr K. : **Guten Morgen. Herr Ober, wir möchten gleich bestellen.**

السيد ك: صباح الخير، أيها السيد، نحن نحب أن نطلب فوراً.

8. Kellner: **Bitte sehr**.

النادل: تفضلا!

9. Herr K.: **Wir möchten zuerst einen Apfelsaft**.

السيد ك: قبل كل شيئ نريد كأساً من عصير التفاح.

10. Frau K.: **Ich ziehe ein Gläschen Orangensaft vor**.

السيدة ك: أفضل كأساً من عصير البرتقال.

11. Kellner: **Also, einmal Apfelsaft und einmal Orangensaft. Heute gibt es Spiegeleier mit Speck oder Schinken, Rüheier, weichgekochte Eier, Pfannkuchen, und gekochte Haferflocken.**

النادل: إذن واحد عصير تفاح وواحد عصير برتقال. لدينا اليوم بيض مقلي مع لحم الخنزير، بيض مخفوق وبيض نصف مسلوق، عجة بيض وعصيدة.

12. Herr K.: **Ich nehme eine Portion Pfannkuchen, zwei Spiegeleier mit Toast und ein Kännchen Bohnenkaffee.**

السيد ك: أنا آخذ طبق عجة بيض مع بيضتين مقليتين وخبزاً محمصاً وابريق قهوة.

13. Kellner: **Und Sie, gnädige Frau?**

النادل: وأت، أيتها السيدة؟

14. Frau K.: **Ich möchte lieber ein Kännchen Tee mit Zitrone, ein Kaiserbrötchen mit Butter und Marmelade.**

السيدة ك: أفضل ابريق شاي مع الليمون، ورغيف من الخبز الأبيض مع زبدة ومرملاد.

15. Kellner: **Wir haben Erdbeeren- und Aprikosenmarmelade**.

النادل: لدينا مرملاد الفريز والمشمش.

16. Frau K.: **Ich möchte beides versuchen. Und bringen Sie mir bitte auch ein weichgekochtes Ei und zwei Scheiben Toast.**

السيدة ك: أحب أن أجرب الاثنين. واجلب لي بيضة نصف مسلوقة وشريحتين من الخبز المحمص.

17. Kellner: **Ich bringe Ihnen gleich den Kaffee und den Tee. Noch etwas?**

النادل: سأجلب لكما على الفور القهوة والشاي. أتريدان شيئاً آخر؟

18. Herr K.: **Nein, aber es fehlt mir eine Serviette.**

السيد ك: كلا، ولكني بحاجة إلى فوطة.

19. Frau K.: **Und noch etwas Zucker, bitte**.

السيدة ك: وكذلك بعض السكر، من فضلك.

20. Kellner: **Verzeihung! Ich bringe Ihnen alles sofort.**

النادل: عفواً، سأجلب لكما كل شيئ فوراً.

21. Der Kellner kommt sofort mit einer frischen Serviette, dem Zucker, einem Kännchen Kaffee und Tee zurück.

ويعود النادل بسرعة جالباً معه فوطة وسكراً وابريقاً من القهوة وآخر من الشاي.

22. Kellner: **Bitte sehr.**

النادل: تفضلا!

23. Nach fünf Minuten bringt der Kellner die Pfannkuchen, die Brötchen, ein weichgekochtes Ei und die Marmelade zum Tisch.

ويجلب النادل بعد 5 دقائق عجة البيض والخبز الأبيض وبيضة نصف مسلوقة والمرملاد.

24. Herr K.: **Herr Ober, der Kaffee ist kalt geworden. Möchten Sie so gut sein und mir frischen Kaffee auf den Tisch stellen?**

السيد ك: يا سيد، لقد بردت القهوة، هل تفضلت وجلبت لي قهوة جديدة إلى الطاولة؟

25. Kellner: **Gerne.**

النادل: بكل سرور.

26. Nach etwa zwanzig Minuten ...

وبعد عشرين دقيقة ...

27. Herr K.: **Herr Ober, die Rechnung bitte**.

السيد ك: الحساب من فضلك.

28. Kellner: **Bitte schön!**

النادل: تفضل!

29. Herr Kleinmann zahlt die Rechnung, legt ein extra Trinkgeld auf den Tisch und verlässt die Kaffeestube mit seiner Frau.

يدفع السيد كلاينمان الحساب ويترك إكرامية على الطاولة ثم يغادر المقهى مع زوجته.

30. Kellner: **Danke schön, mein Herr! Auf Wiedersehen, gnädige Frau.**

النادل: شكراً، سيدي وإلى اللقاء سيدتي!

31. Herr und Frau K.: **Auf Wiedersehen!**

السيد والسيدة كلاينمان: إلى اللقاء.

SPEISEKARTE لائحة الطعام

VORSPEISEN	**المقبلات**
Geräucherte Forelle	تروتة مدخنة
Dänischer Lachs	سلمون دانماركي مدخن
Hering in Weinsoße	سمك النجة في الخل
Hühnerleber mit Zwiebeln	كبد الدجاج مع بصل

SUPPEN	**الحساء**
Frühlingssuppe	حساء خضار
Kartoffelsuppe	حساء البطاطا
Erbsensuppe mit Schinken	حساء البازلاء مع لحم خنزير
Hühnerbrühe	مرق الدجاج

HAUPTGERICHTE	**الوجبات الرئيسية**
Gebackenes Hühnchen	فروج مشوي
Brathendl	فروج مشوي
Rostbraten mit Pilzen	شرحة لحم محمرة مع الفطر
Kalbschnitzel	لحم ضلع العجل
Schweinekotelett	شرحة لحم من الخنزير
Schinkenomelett	عجة مع لحم الخنزير
Rinderbraten	شرحة مشوية من العجل
SALATE	**سلطة**
Tomatensalat	سلطة بندورة
Kartoffelsalat mit Ei	سلطة بطاطا مع بيض
Gurkensalat mit Zwiebeln	سلطة خيار مع بصل
Salat (zwei Sorten)	سلطة (نوعان)
GEMÜSE	**الخضار**
Grüne Bohnen	بزلاء خضراء
Spargel	هليون
Karotten (Mohrrüben)	جزر
Spinat	سبانخ
Salzkartoffeln	بطاطا مسلوقة
Rostkartoffeln	بطاطا محمرة
Käseplatte	طبق أجبان
Wurstplatte	طبق لحم بارد
GEBÄCK	**الحلويات**
Apfelkuchen mit Schlagsahne	كعك التفاح مع قشدة
Schwarzwälder Torte	كعك الغابة السوداء
Hörnchen mit Honig	كعك هلالي مع العسل

GETRÄNKE	المشروبات
Bier	بيرة
Mineralwasser	مياه معدنية
Sodawasser (Sprudel)	مياه غازية
Weißwein	نبيذ أبيض
Rotwein	نبيذ أحمر
Kaffee	قهوة
Tee	شاي

ZUM NACHTISCH	الحلويات
Kompott	سلطة فواكه
Speiseeis	بوظة:
Schokolade	شوكولا
Pfirsich	دراق
Vanillie	فانيلا
Kirsch	كرز
Kaffee	قهوة

Übung 6 – Wiederholung	تمرين 6 – مراجعة

1. Du musst Hunger ________ (لديه)

   a) sein

   b) haben

   c) machen

2. Wir haben heute keine ________ (زبدة).

   a) Bier

   b) Butter

   c) Brot

3. ________ (يوجد) ein gutes Restaurant im Hotel.

   a) Es gibt

   b) Gibt es

   c) Das ist

4. Mein Kaffee ist ________ (بارد)

   a) kalt

   b) warm

   c) mild

5. Geben Sie mir ________(نفسه).

   a) auch

   b) dasselbe

   c) viel mehr

6. Herr Ober, eine (فوطة)bitte!

   a) Gabel

   b) Messer

   c) Serviette

7. Würden Sie so gut sein und mir ________ (أيضاً) eine Gabel geben?

   a) sehr

   b) nicht

   c) auch

8. Herr Ober, ________ (الحساب).

a) der Tisch

b) die Speisekarte

c) die Rechnung

9. Etwas ________ (أكثر) Zucker, bitte!

a) gefällt

b) mir

c) mehr

10. Behalten Sie das ________ (نقود)!

a) Rechnung

b) Kleingeld

c) Ordnung

Lösung الحل

1. b 2. b 3. a 4. a 5. b 6. c 7. c 8. c 9. c 10. b

Lektion Achtunddreißig

الدرس الثامن والثلاثون

Auf der Suche nach einer Wohnung — • التفتيش عن شقة

1. **Ich komme wegen der Wohnung.** أتيت بخصوص الشقة.
2. **Welche, bitte?** أية شقة:
3. **Die zu vermieten ist.** تلك المعروضة للإيجار.
4. **Aber es gibt zwei.** ولكن هناك اثنتان.
5. **Können Sie mir eine Beschreibung geben?** هل يمكنك وصفها لي؟
6. **Die im fünften Stock ist unmöbliert.** الشقة في الطابق الخامس غير مفروشة.
7. **Und die andere?** والأخرى؟
8. **Die auf der zweiten Etage ist möbliert.** الشقة في الطابق الثاني مفروشة.
9. **Wie viele Zimmer hat jede?** وكم غرفة لكل منهما؟
10. **Die auf der fünften Etzage hat vier Zimmer, Küche und Bad.**
    الشقة في الطابق الخامس لها 4 غرف ومطبخ وحمام.
11. **Die Wohnung hat auch eine gute Aussicht auf den Hof.**
    وللشقة أيضاً إطلالة جميلة على صحن المبنى.
12. **Und die im zweiten Stock?** والتي في الطابق الثاني؟
13. **Sie hat fünf Zimmer, drei Schlafzimmer, ein Esszimmer, und ein Wohnzimmer.**
    للشقة 5 غرف، 3 غرف نوم وغرفة طعام وغرفة جلوس.
14. **Liegt sie auch nach dem Hof hinaus?** وهل تشرف على صحن المبنى؟
15. **Nein, sie liegt nach der Straße.** لا، وإنما على الشارع.
16. **Wie hoch ist die Miete?** وكم كلفة الآجار؟
17. **Die größere kostet zwölfhundert Mark ohne Gas, Wasser und Strom.**
    الكبيرة تتكلف 1200 ماركاً دون غاز وماء وكهرباء.
18. **Und die möblierte Wohnung?** والشقة المفروشة؟
19. **Vierzehnhundert Mark (Tausendvierhundert) Gas, Wasser, und Strom sind mit inbegriffen.**
    1400 ماركاً والسعر يتضمن الغاز والماء والكهرباء.
20. **Was für Möbel hat sie? Und in welchem Zustand ist sie?**
    وما نوع الأثاث الذي فيها، وكيف حالته؟
21. **Es sind antike Möbel in bestem Zustand.** الأثاث قديم ولكنه في حالة ممتازة.
22. **Sind Wäsche und Besteck inbegriffen?** وهل البياضات والفضيات من ضمن الأثاث؟

23. **Sie finden alles, was man braucht, sogar eine vollständige Kücheneinrichtung.**

ستجد كل شيئ تحتاجه، وحتى كامل أدوات المطبخ.

24. **Würde der Besitzer einen Mietvertrag mit mir machen? Und auf wie lange?**

وهل سيوقع المالك عقد الإيجار؟ ولأية مدة؟

25. **Deswegen müssen Sie sich an den Hausverwalter wenden.**

بهذا الخصوص عليك التوجه إلى ناظر العمارة.

26. **Wie sind die Bedingungen?** وما هي الشروط؟

27. **Sie zahlen drei Monate im Voraus.** عليك أن تدفع ثلاثة أشهر سلفاً.

28. **Sonst nichts?** هذا كل شيئ؟

29. **Referenzen, selbstverständlich.** السند، طبعاً.

30. **Übrigens, ist ein Fahrstuhl vorhanden?** على فكرة، هل هناك مصعد؟

31. **Nein, es ist keiner da.** لا، لا مصعد هناك.

32. **Das ist schade!** هذا مؤسف.

33. **Davon abgesehen ist das Haus aber ganz modern.**

بغض النظر عن ذلك، البيت حديث جداً.

34. **Wie meinen Sie das?** ماذا تعني؟

35 **Es hat neue Zentralheizung, drei Klimaanlagen und einen Geschirrspüler.**

للبيت تدفئة مركزية ومكيف، وماكنة لغسيل الأدوات المطبخية.

36. **Die Badezimmer wurden vor kurzem renoviert.**

وطبعاً، فإن غرف الحمام جددت من فترة قريبة.

37. **Sind eingebaute Schränke vorhanden?** هل هناك دولاب في الحائط؟

38. **Ja, einige große.** نعم، دواليب كبيرة.

39. **Wann kann man die Wohnung sehen?** متى يمكننا رؤية الشقة؟

40. **Nur am Morgen.** فقط في الصباح.

41. **Sehr gut. Ich werde morgen früh kommen. Besten Dank.**

طيب، سأعود غداً صباحاً، لك الشكر.

42. **Keine Ursache, gern zu Ihren Diensten.** عفواً، في خدمتك.

zu Hause	**• في المنزل**
Wir haben eine Wohnung.	لدينا شقة سكنية.
Wir haben eine Eigentumswohnung.	لدينا شقة ملك.
Wir haben ein Haus.	لدينا بيت.
Fühlen Sie sich wie zu Hause!	اعتبر نفسك في بيتك.
Machen Sie sich es bequem!	خذ راحتك!
Was für ein schönes Haus haben Sie!	كم هو جميل بيتك!

Übung 27 – Was passt zusammen?	تمرين ٢٧ - ضع الجواب المناسب!

1 ________ (كم) Zimmer haben Sie?

a) Anderes

b) Wie viele

c) Jede

2. Die Wohnung hat eine Aussicht auf die ________(شارع) .

a) Hof

b) Wohnzimmer

c) Straße

3. Was ist der ________ (السعر)?

a) Preis

b) Miete

c) Art

4. Man ________ (دفع) drei Monate im Voraus.

c) zahlt

b) kauft

a) sind

5. Das ________ (بيت) ist sehr modern.

a) Halle

b) Haus

c) Bad

6. Sind die ________ (أثاث) modern?

a) Möbel

b) Teppiche

c) Heizung

7. Ist eine ________ (مكيف) auch vorhanden?

a) Klimaanlage

b) Zimmer

c) Geschirrspüler

8. ________ (فقط) morgens.

a) Besuchen Sie

b) Nur

c) Auch

9. Ich komme ________ (غداً) früh.

a) morgen

b) gestern

c) heute

10. ________ (شكراً) vielmals.

a) Morgen

b) Dienst

c) Danke

Lösung الحل

1. b 2. c 3. a 4. c 5. b 6. a 7. a 8. b 9. a 10. c

1. Ich ziehe ________ (ذلك)vor.
   a) das
   b) dieses
   c) die

2. Was soll ________ (ذلك) heißen ?
   a) das
   b) dort
   c) dieser

3. Ich weiß nicht ________ (كيف).
   a) noch
   b) wo
   c) wie

4. Er kommt ________ (أبداً) .
   a) auch
   b) niemals
   c) wie

5. Er hat ________ (لا شيئ) gesagt.
   a) kein
   b) nicht
   c) nichts

6. Ihr Buch ist besser als ________ (ـــــــه) .
   a) Ihr
   b) sein
   c) mein

7. Ich bin ________ (مسرور), Sie kennenzulernen.
   a) erfreut
   b) vorstellen
   c) Bekanntschaft

8. Bis nächste ________ (أسبوع).

a) Woche

b) Tage

c) Monat

9. Bis zum ________ (تالي)Mal.

a) neulich

b) nächsten

c) heute

10. Es geht gut, ________ (شكراً) .

a) denke

b) danke

c) sage

11. Rufen Sie mich diese ________ (أسبوع) an !

a) Woche

b) Tage

c) Monat

12. ____________ (تعرف) Sie meinen Freund?

a) Kennen

b) Treffen

c) Wissen

13. Nein, ich ________ (أفكر) nicht.

a) will

b) denke

c) kenne

14. Ich ________(آمل), Sie bald wiederzusehen.

a) erfreut

b) gemacht

c) hoffe

15. Ich werde es Ihnen ________(كتب).

a) haben

b) schreiben

c) sehen

16. Sie können mich ________ (صباحاً) anrufen.

a) nachmittags

b) abends

c) morgens

17. Ich habe ihn ________ (قابل) .

a) erfreut

b) getroffen

c) angerufen

18. ________ (أعطى) Sie mir Ihre Adresse!

a) Gehen

b) Geben

c) Rufen

19. Das ist sehr ________ (جيد).

a) gut

b) bald

c) ganz

20. Auf ________ (قريباً) .

a) bald

b) morgen

c) auch

Lösung الحل

1. b	2. a	3. c	4. b	5. c	6. b	7. a	8. b	9. b	10. b
11. a	12. a	13. b	14. c	15. b	16. c	17. b	18. b	19. a	
								20. a	

Lektion Neununddreißig
الدرس التاسع والثلاثون

أتــى kommen

ich komme	أنا آتي	wir kommen	نحن نأتي
du kommst	أنت تأتي	ihr kommt	أنتم تأتون / أنتن تأتين
er kommt	هو يأتي	Sie kommen	حضرتك تأتي
sie kommt	هي تأتي	sie kommen	هم يأتون / هن يأتين
es kommt	هو / هي يأتي		

Komm!	تعال؟ (أنت)
Kommen Sie!	تعال. (حضرتك)
Kommen Sie hierher!	تعال إلى هنا!
Kommen Sie mit mir!	تعال معي!
Kommen Sie wieder!	تعال ثانية!
Kommen Sie nach Hause!	تعال إلى البيت!
Kommen Sie mal einen Abend!	تعال في مساء ما!
Kommen Sie nicht!	لا تأتي!
Woher kommen Sie?	من أين تأتي؟
Ich komme aus Berlin.	أنا من برلين.
Ich komme vom Theater.	أنا آتٍ من المسرح.
Ich komme sofort.	سآتي فوراً.

قال sagen

ich sage	أنا أقول	wir sagen	نحن نقول
du sagst	أنت تقول	ihr sagt	أنتم تقولون / أنتن تقلن
er sagt	هو يقول	Sie sagen	حضرتك تقول
sie sagt	هي تقول	sie sagen	هم يقولون / هن تقلن
es sagt	يقول / تقول		

Man sagt, dass ...	يقال أن ...
Man hat es mir gesagt.	قيل لي ذلك.
Das ist schwer zu sagen.	من الصعب قول ذلك.
Sagen Sie!	قل (حضرتك)!
Sagen Sie es!	قله!
Sagen Sie es noch einmal!	قله مرة أخرى!
Sagen Sie es auf Deutsch!	قله في الألمانية!
Sagen Sie es langsam!	قله ببطء!
Sagen Sie es nicht!	لا تقل ذلك!
Sagen Sie das nicht!	لا تقل ذلك.
Sagen Sie mir ...	قل لي ...
Sagen Sie, ist das Ihr Ernst?	قل، هل أنت جدي؟
Sagen Sie mir.	قل لي!
Sagen Sie ihm.	قل له!
Sagen Sie es ihm.	قل له ذلك!
Sagen Sie ihm, er soll kommen?	قل له أن يأتي!
Sagen Sie es ihm nicht!	لا تقله له!
Sagen Sie ihm nichts!	لا تقله شيئاً!
Sagen Sie es niemandem!	لا تقل ذلك لأحد!
Was sagen Sie?	ماذا تقول؟
sozusagen	إن صح هذا التعبير.
Können Sie mir sagen, wo ein Hotel ist?	بإمكانك أن تخبرني أين أجد فندقاً؟
Was möchten Sie sagen?	ماذا تعني؟
Er hat nichts gesagt.	لم يقل شيئاً.

Übung 28 – Was passt zusammen?			تمرين 28 ـــــ ضع الجواب المناسب!
1.	Ich komme vom Theater.	a	تعال معي!
2.	Ich komme sofort.	b	من أين أنت؟
3.	Ich komme später.	c	تعال في مساء ما!
4.	Woher kommen Sie?	d	سآتي فوراً.
5.	Sagen Sie mir!	e	أنا آت من المسرح.
6.	Sagen Sie es auf Deutsch?	f	قله في الألمانية!
7.	Das ist schwer zu sagen.	g	إن صح هذا التعبير.
8.	Kommen Sie mit mir!	h	من الصعب قول ذلك.
9.	Kommen Sie einen Abend	i	سآتي فيما بعد.
10.	Sozusagen.	j	قل لي!

Lösung الحل

1. e 2. d 3. i 4. b 5. j 6. f 7. h 8. a 9. c 10. g

فعل / عمل tun

ich tue	أنا أفعل	wir tun	نحن نفعل
du tust	أنت تفعل	ihr tut	أنتم تفعلون / أنتن تفعلن
er tut	هو يفعل	Sie tun	حضرتك تفعل
sie tut	هي تفعل	sie tun	هم يفعلون / هن تفعلن
es tut	يفعل / تفعل		

Ich tue es.	أفعله
Ich tue es nicht.	لا أفعله.
Was tun Sie?	ماذا تفعل؟
Wie tun Sie das?	كيف تفعل ذلك؟
Was haben Sie getan?	ماذا فعلت؟
Tun Sie es nicht!	لا تفغعله!
Tun Sie es nicht mehr!	لا تفعله ثانية!
Das ist getan.	تم انجازه.
Das tut mir weh.	ذلك يؤلمني.
Das tut mir leid.	ذلك يؤسفني.
Ich tue nichts.	لا أفعل شيئاً.
Tun Sie das nicht!	لا تفعل ذلك!
Tun Sie es noch einmal!	افعله ثانية!
Tun Sie es schnell!	افعله بسرعة!
Tun Sie nichts!	لا تفعل شيئاً!
Sie dürfen das nicht tun!	لا يجوز أن تفعل ذلك.
Ich habe es gerade getan.	لقد فعلته للتو.
Was ist zu tun?	ماذا يجب فعله؟
Was kann man tun?	ما يمكن فعله؟
Wer hat das getan?	من فعل ذلك؟
Ich weiß nicht, was ich tun soll.	لا أعرف ماذا أفعل.
So etwas tut man nicht.	لا يجوز فعل ذلك.

Übung 29 – Was passt zusammen?			تمرين ٢٩ - ضع الجواب المناسب!
1.	Was haben Sie getan?	a	أنا متأسف
2.	Tun Sie es nicht!	b	افعله بسرعة!
3.	Das ist getan.	c	ماذا تفعل؟
4.	Ich habe es getan.	d	ماذا فعلت؟
5.	Was ist zu tun?	e	لا تفعله!
6.	Tun Sie es noch einmal!	f	تم انجاز ذلك.
7.	Wer hat das getan?	g	اعمل لي معروفاً!
8.	Ich habe es gerade getan.	h	أنت تؤلمني.
9.	Tun Sie mir einen Gefallen!	i	لا يجوز فعل ذلك.
10.	Du tust mir weh.	j	أنا فعلت ذلك.
11.	Das tut mir Leid.	k	ماذا ستفعل غداً؟
12.	Was tun Sie?	l	ماذا يجب عمله؟
13.	Tun Sie es schnell!	m	فعلته للتو.
14.	So etwas tut man nicht.	n	افعله ثانية.
15.	Was tun wir morgen?	o	من فعل ذلك؟

Lösung الحل

1. d 2. e 3. f 4. j 5. l 6. n 7. o 8. m

9. g 10. h 11. a 12. c 13. b 14. i 15. k

1. Ich ________ (أنت) sofort.
   a) kenne
   b) komme
   c) sehe

2. Das ist schwer zu ________ (قال).
   a) kommen
   b) antworten
   c) sagen

3. Was ________ (عمل) Sie?
   a) sagen
   b) tun
   c) macht

4. Ich weiß nicht, was ich ________ (فعل) soll.
   a) sagen
   b) kommen
   c) tun

5. ________ (أخذ) Sie es nicht!
   a) Nehmen
   b) Schicken
   c) Versuchen

6. ________ (وقف) Sie sofort ____ !
   a) Halten ... an
   b) Hören ... an
   c) Helfen ... mit

7. Ich ________ (آمل), bald von Ihnen zu hören.
   a) komme
   b) hoffe
   c) helfe

8. Ich ________ (أرى) nicht gut ohne Brille.

a) spreche

b) weiß

c) sehe

9. Ich werde Sie heute Abend ________ (أرى).

a) sehen

b) können

c) gesehen

10. Er ________ (مسك) seinen Hut in der Hand.

a) halten

b) kann

c) hält

11. Ich sehe nicht, wie wir das machen ________ (قدر).

c) mögen

b) können

a) konnt

12. Er ____________ (فهم) einfach nicht.

a) besucht

b) versteht

c) stellt

13. ________ (أخذ) Sie Ihr Buch!

a) Stellen

b) Nehmen

c) Geben

14. Sie ________ (دان) mir nichts.

a) schulden

b) fragen

c) brauchen

15. Er ________ (سأل) mich , wo der Laden ist.

a) fährt

b) fragt

c) darf

Lösung الحل

1. b	2. c	3. b	4. c	5. a	6. a	7. b	8. c
9. a	10. c	11. b	12. b	13. b	14. a	15. b	

• أحتاج إلى بعض المعلومات — Ich brauche einige Informationen

1. **Verzeihung, mein Herr!** — عفواً، سيدي!
2. **Bitte sehr.** — تفضل!
3. **Können Sie mir eine Auskunft geben?** — أبامكانك أن نرشدني؟
4. **Gewiss, mit Vergnügen.** — طباعاً وبسرور.
5. **Ich kenne die Stadt nicht. Ich finde mich nicht zurecht.** — لا أعرف المدينة ولا أجد طريقي.
6. **Das ist doch ganz einfach.** — هذا بسيط جداً.
7. **Sehen Sie, ich bin fremd hier.** — كما ترى، أنا غريب هنا.
8. **Das macht nichts.** — هذا لا يهم.
9. **Können Sie mir erklären, wo die wichtigsten Gebäude sind?** — أيمكنك أن تشرح لي أين هي أهم العمارات؟
10. **Natürlich. Passen Sie gut auf!** — طبعاً، انتبه!
11. **Ich passe gut auf und schreibe alles auf.** — أنا منتبه بشكل جيد و سأسجل كل شيئ.
12. **Fangen wir mit der Post an!** — لنبدأ بمكتب البريد.
13. **Schön. Das ist eine gute Idee.** — جميل، هذه فكرة رائعة.
14. **Sehen Sie das Gebäude an der Ecke?** — أترى تلك العمارة في الزاوية؟
15. **Das mit der blauen Laterne?** — تلك بالمصابيح الزرقاء؟
16. **Ja, das ist es. Das Postamt ist im Erdgeschoss.** — نعم، تلك هي، مكتب البريد في الطابق الأرضي.
17. **Der Laden mit der Fahne, was ist das?** — والمحل الذي عليه العلم، ما هو؟
18. **Das ist unser Polizeiamt.** — هذا مركز شرطتنا.
19. **Dort ist ein anderes Gebäude mit einer Fahne.** — وهناك بناء آخر عليه علم.
20. **Das ist das Rathaus.** — هذا هو مجلس البلدية.
21. **Wie heißt diese Straße?** — ما اسم هذا الشارع؟
22. **Das ist die Marktstraße. Sehen Sie das Geschäft?** — هذا هو شارع السوق. أترى ذلك المحل؟
23. **Welches? Das auf der rechten Seite?** — أي منها؟ ذلك على الناحية اليمنى.
24. **Ja, das mit der großen grünen Kugel im Fenster.** — نعم، ذلك بالكرة الخضراء الكبيرة في النافذة؟
25. **Und einer roten auf der anderen.** — وكرة حمراء في الأخرى.

26. **Richtig. Das ist die Apotheke.** هذا صحيح، إنها الصيدلية.

27. **Ah, ich verstehe.** آه! إني أفهم الآن.

28. **Der Arzt wohnt nebenan.** والطبيب يسكن في الجوار.

29. **Ist er ein guter Arzt?** هل هو طبيب جيد؟

30. **Er ist ein Herzspezialist und ist jeden Morgen im Krankenhaus.**

هو أخصائي قلبية وكل صباح يتواجد في المستشفى.

31. **Wo befindet sich das Krankenhaus?** وأين هي المستشفى؟

32. **Zwei Straßen von hier, links, gerade bevor Sie auf die Landstraße kommen.**

على بعد شارعيين من هنا إلى اليسار، تماماً قبل وصولك إلى الشارع الرئيسي.

33. **Gibt es ein Schreibwarengeschäft hier in der Nähe?**

وهل هناك محل بيع قرطاسية بالقرب؟

34. **Natürlich. Das ist nicht weit von hier, auf der Hauptstraße, gegenüber Ihrem Hotel.**

طبعاً، ليس بعيداً من هنا في الشارع الرئيسي مقابل فندقك.

35 **Jetzt bin ich ganz im Bilde.** لقد فهمت تماماً.

36. **Kaufen Sie sich doch einen Stadtpaln!** لما لا تشتري مخططاً للمدينة؟

37. **Gute Idee. Wo bekomme ich einen?** فكرة جيدة، أين أجد واحداً؟

38. **Entweder am Bahnhof oder am Zeitungsstand.**

إما في محطة القطارات أو في الكشك.

39. **Wo ist der Bahnhof?** وأين هي المحطة؟

40. **Der Bahnhof ist am anderen Ende der Marktstraße.**

محطة القطارات في النهاية الأخرى من شارع السوق.

41. **Und wo ist ein Zeitungsstand?** وأين هو كشك الجرائد؟

42. **An der nächsten Ecke.** في الزاوية القادمة.

43. **Ich hatte Glück, Sie zu treffen. Sie scheinen die Stadt sehr gut zu kennen.**

كم كنت سعيداً لأنني قابلتك. على ما يبدو تعرف المدينة بشكل جيد.

44. **Das ist selbstverständlich. Ich bin der Bürgermeister der Stadt.**

هذا بديهي، فأنا عمدة المدينة.

45. **Besten Dank.** أجمل شكر.

46. **Ich hoffe, dass Sie in unserer Stadt einen guten Aufenthalt haben.**

أرجو أن تستمتع بإقامتك في مدينتنا.

Bemerkung: **• ملاحظة:**

1.	Verzeihung. Entschuldigen Sie, Entschuldigung	عفواً، معذرة
6.	doch	بلى
8.	Das macht nichts.	لا أهمية لذلك.
	Das ist unwichtig.	ليس ذلك مهماً.
10.	aufpassen	انتبه، احترس، انصت
12.	Die Post, das Postamt	البريد، مكتب البريد
14.	An der Ecke	في الزاوية
20.	Das Rathaus	مجلس البلدية
	Der Bürgermeister	عمدة المدينة
28.	Doktor oder Arzt	دكتور أو طبيب
	Herr Doktor	السيد الدكتور
31.	befindet sich, finden	يكون، يتواجد
32.	bevor	قبل
33.	Das Schreibwarengeschäft	محل القرطاسية
34.	Wo Ihr Hotel ist.	حيث فندقك
35.	Jetzt bin ich ...	أنا الآن في ...
38.	Entweder ... oder ...	إما ... أو ...
	weder ... noch	لا ... ولا ...
44.	Selbstverständlich	بديهي، طبيعي
45.	Gern geschehen	بكل سرور
45.	Besten Dank	جزيل الشكر

Übung 30 – Was passst zusammen?	**تمرين 30ــــــ ضع الجواب المناسب!**

1. ________ (عفواً)!

   a) Ich bitte Sie ...

   b) Das macht nichts.

   c) Keine Ursache.

2. Können Sie mir einige Auskünfte ________(أعطى) ?

   a) besorgen

   b) sprechen

   c) geben

3. Sie müssen mir alles ________ (شرح) .

   a) hören

   b) erklären

   c) anfangen

4. Sehen Sie das ________ (بناء)an der Ecke?

   a) Büro

   b) Gebäude

   c) Laterne

5. Wie heißt diese ________ (شارع) ?

   a) Geschäft

   b) Straße

   c) Ecke

6. Der Arzt ________ (يسكن) nebenan.

   a) wohnt

   b) singt

   c) macht

7. Bei ________ (أخضر) Licht dürfen Sie nicht überqueren!

   a) roten

   b) grünem

   c) gelbes

8. Er ist jeden ________ (صباح) im Krankenhaus.

a) Nachmittag

b) Morgen

c) Abend

9. Ich hatte ________ (حظ) Sie zu treffen.

a) Pech

b) Spaß

c) Glück

10. Wo befindet sich ________ (محطة القطار)?

a) das Postamt

b) der Bahnhof

c) das Rathaus

Lösung الحل

1. c 2. c 3. b 4. b 5. b 6. a 7. b 8. b 9. c 10. b

Lektion Vierzig
الدرس الأربعون

• الأفعال الأكثر استعمالاً — Die meist gebrauchten Verben

1 تقسم الأفعال إلى نوعين:

النوع الأول: الأفعال الضعيفة (النظامية) — 1. Schwache Verben (regelmäßige)

النوع الثاني: الأفعال القوية (الشاذة) — 2. Starke Verben (unregelmäßige)

فعل شاذ		فعل نظامي
	المصدر — Der Infinitiv	
تكلم sprechen		سأل fragen
	الماضي التام — Das Perfekt	
gesprochen haben		gefragt haben
	المفاعيل — Die Partizipien	
	اسم الفاعل — Partizip I	
sprechend		fragend
	اسم المفعول — Partizip II	
gesprochen		gefragt

die Gegenwart

ich frage
du fragst
er, sie, es fragt
wir fragen
ihr fragt
Sie fragen
sie fragen

المضارع

ich spreche
du sprichst
er, sie. es spricht
wir sprechen
ihr sprecht
Sie sprechen
sie sprechen

das Präteritum

ich fragte
du fragtest
er, sie, es fragte
wir fragten
ihr fragtet
Sie fragten
sie fragten

الماضي البسيط

ich sprach
du sprachst
er, sie. es sprach
wir sprachen
ihr spracht
Sie sprachen
sie sprachen

Futur I

ich werde fragen
du wirst fragen
er, sie, es wird fragen
wir werden fragen
ihr werdet fragen
Sie werden fragen
sie werden fragen

المستقبل العادي

ich werde sprechen
du wirst sprechen
er, sie. es wird sprechen
wir werden sprechen
ihr werdet sprechen
Sie werden sprechen
sie werden sprechen

der Konjunktiv II

ich würde fragen
du würdest fragen
er, sie, es würde fragen
wir würden fragen
ihr würdet fragen
Sie würden fragen
sie würden fragen

الاحتمال للماضي

ich würde sprechen
du würdest sprechen
er, sie. es würde sprechen
wir würden sprechen
ihr würdet sprechen
Sie würden sprechen
sie würden sprechen

das Perfekt

ich habe gefragt

du hast gefragt

er, sie, es hat gefragt

wir haben gefragt

ihr habt gefragt

Sie haben gefragt

sie haben gefragt

الماضي التام القريب

ich habe gesprochen

du hast gesprochen

er, sie. es hat gesprochen

wir haben gesprochen

ihr habt gesprochen

Sie haben gesprochen

sie haben gesprochen

das Plusquamperfekt

ich hatte gefragt

du hattest gefragt

er, sie, es hatte gefragt

wir hatten gefragt

ihr hattet gefragt

Sie hatten gefragt

sie hatten gefragt

الماضي التام البعيد

ich hatte gesprochen

du hattest gesprochen

er, sie. es hatte gesprochen

wir hatten gesprochen

ihr hattet gesprochen

Sie hatten gesprochen

sie hatten gesprochen

Futur II

ich werde gefragt haben

du wirst gefragt haben

er, sie, es wird gefragt haben

wir werden gefragt haben

ihr werdet gefragt haben

Sie werden gefragt haben

sie werden gefragt haben

المستقبل التام

ich werde gesprochen haben

du wirst gesprochen haben

er, sie. es wird gesprochen haben

wir werden gesprochen haben

ihr werdet gesprochen haben

Sie werden gesprochen haben

sie werden gesprochen haben

Konjunktiv II Vergangenheit

ich würde gefragt haben

du würdest gefragt haben

er, sie, es würde gefragt haben

wir würden gefragt haben

ihr würdet gefragt haben

Sie würden gefragt haben

sie würden gefragt haben

صيغة الاحتمال الشرطي

ich würde gesprochen haben

du würdest gesprochen haben

er, sie. es würde gesprochen haben

wir würden gesprochen haben

ihr würdet gesprochen haben

Sie würden gesprochen haben

sie würden gesprochen haben

der Imperativ	**الأمر**
frage!	sprich!
fragt!	sprecht!
fragen wir!	sprechen wir!
fragen Sie!	sprechen Sie!

der Konjunktiv I	**الاحتمال في الحاضر**
ich frage	ich spreche
du fragest	du sprechest
er, sie, es frage	er, sie. es spreche
wir fragen	wir sprechen
ihr fraget	ihr sprechet
Sie fragen	Sie sprechen
sie fragen	sie sprechen

Konj. I Präteritum	**الماضي البسيط**
ich fragte	ich spräche
du fragtest	du sprächest
er, sie, es fragte	er, sie. es spräche
wir fragten	wir sprächen
ihr fragtet	ihr sprächet
Sie fragten	Sie sprächen
sie fragten	sie sprächen

Konj. I Perfekt	**الماضي التام**
ich gefragt hätte	ich gesprochen hätte
du gefragt habest	du gesprochen habest
er, sie, es gefragt habe	er, sie, es gesprochen habe
wir gefragt hätten	wir gesprochen hätten
ihr gefragt habet	ihr gesprochen habet
Sie gefragt hätten	Sie gesprochen hätten
sie gefragt hätten	sie gesprochen hätten

Konj. I Plusquamperfekt	**الماضي التام البعيد**
ich gefragt hätte	ich gesprochen hätte
du gefragt habest	du gesprochen habest
er, sie, es gefragt habe	er, sie. es gesprochen habe
wir gefragt hätten	wir gesprochen hätten
ihr gefragt habet	ihr gesprochen habet
Sie gefragt hätten	Sie gesprochen hätten
sie gefragt hätten	sie gesprochen hätten

Allgemeine Verben mit „sein"

- **بعض الصيغ لأفعال عامة مع فعل الكون**

لقد ذهبت

ich bin gegangen	wir sind gegangen
du bist gegangen	ihr seid gegangen
er ist gegangen	sie (Sie) sind gegangen

ich bin eingetreten	لقد دخلت
ich bin ausgegangen	لقد خرجت
ich bin angekommen	لقد وصلت
ich bin abgereist	لقد غادرت
ich bin hinauf gegangen	لقدصعدت
ich bin hinunter gegangen	لقد نزلت
ich bin geblieben	لقد بقيت
ich bin zurückgekommen	لقد رجعت
ich bin gefallen	لقد سقطت
ich bin geboren	لقد ولدت
ich bin geworden	لقد اصبحت
ich bin hingefahren	لقد سافرت (إلى هناك)

• كنت قد أعطيت

ich hatte gegeben	wir hatten gegeben
du hattest gegeben	ihr hattet gegeben
er hatte gegeben	sie (Sie) hatten gegeben

أمثلة أخرى

ich hatte gesprochen	كنت قد تكلمت
ich hatte gefragt	كنت قد سألت
ich hatte gebracht	كنت قد جلبت

• كنت قد ذهبت

ich war gegangen	wir waren gegangen
du warst gegangen	ihr wart gegangen
er war gegangen	sie (Sie) waren gegangen

أمثلة أخرى

ich war angekommen	كنت قد وصلت
ich war gekommen	كنت قد أتيت
ich war eingetreten	كنت قد دخلت
ich war ausgegangen	كنت قد خرجت
ich war abgereist	كنت قد غادرت
ich war hinauf gegangen	كنت قد صعدت
ich war gefallen	كنت قد سقطت
ich war gewesen	قد كنت

• ساعد! إجلب!

Helfen Sie mir!	ساعدني!
Bringen Sie mir noch mehr ...!	إجلب لي أكثر ...!
Bringen Sie es mir!	إجلبه لي!
Halten Sie an!	قف!
Halten Sie sofort an!	قف فوراً!
Halten Sie dort an!	قف هناك!
Halten Sie ihn!	أوقفه!
Setzen Sie sich!	إجلس!
Glauben Sie mir!	صدقني!
Hören Sie!	إسمع!
Hören Sie mir zu!	إصغي إلي!
Hören Sie mir gut zu!	إصغي إليّ جيداً!
Hören Sie sich das an!	استمع إلى ذلك!
Hören Sie gut zu!	إصغي جيداً!
geben	**أعطى**
du gibst	أنت تعطي
Gib!	إعطِ!
sprechen	**تكلم**
du sprichts	أنت تتكلم
Sprich!	تكلم!
Nehmen	**أخذ**
du nimmst	أنت تأخذ
Nimm!	خذ!

• معطياً، متكلماً

gebend
sprechend
kommend
sehend
fließendes Wasser
den Sitten folgend

لاحظ أن النهاية الألمانية **end-** تعادل النهاية الانكليزية**ing-**وهو ما يسمى في العربية باسم الفاعل ويصاغ اسم الفاعل في الألمانية بإضافة حرف **d-** على نهاية المصدر. مثال:

lachen-d - **kommen-d**

• دعنا، لـــــِ

دعنا نذهب إلى هناك / لنذهب!	Gehen wir dorthin!
لنر!	Sehen wir einmal!
لنذهب!	Gehen wir!
لنجرب!	Versuchen wir!
لننتظر!	Warten wir!
لنأخذ شيئاً!	Nehmen wir etwas!
إصغ إليه!	Hören Sie ihm zu!
لا تصغ إليه!	Hören Sie ihm nicht zu!
إبعد ذلك!	Nehmen Sie das fort!
أدخل!	Herein!
أدخل / تفضل!	Treten Sie ein!
إرسله له!	Schicken Sie es ihm!
إرسلها لي!	Schicken Sie sie mir!
أرسل له البعض!	Schicken Sie ihm einige!
أرسل لي البعض!	Schicken Sie mir einige!
جرب!	Versuchen Sie!

Versuchen Sie nicht!	لا تجرب!
Versuchen Sie nicht, das zu tun!	لا تحاول أن تفعل ذلك!
Waschen Sie sich!	إغتسل!
Stehen Sie auf!	إنهض!
Lessen Sie das!	إقرأ ذلك!
Führen Sie mich dorthin!	خذني إلى هناك!
Gehen Sie dort hinauf!	إصعد إلى هناك!
Zeigen Sie es mir!	أرني!
Zeigen Sie mir das!	أرهِ!
Zeigen Sie es ihm!	لا تره ذلك!
Vergessen Sie nicht!	لا تنس!
Gehen Sie fort!	غادر!
Gehen Sie schnell fort!	غادر بسرعة!
Gehen Sie hinein!	إدخل!
Denken Sie daran!	تذكر ذلك!
Tragen Sie das dorthin!	إنقل ذلك إلى هناك!
Nehmen Sie!	خذ!
Nehmen Sie es!	خذه!
Nehmen Sie es nicht!	لا تأخذه!
Nehmen Sie noch eins!	خذ واحداً آخر!
Nehmen Sie den Zug!	خذ القطار!
Nehmen Sie ein Taxi!	خذ سيارة أجرة!
Sehen Sie!	انظر!
Sehen Sie noch einmal!	انظر ثانية!
Sehen Sie hierher!	تطلع إلى هنا!
Sehen Sie mich an!	انظر إلي!
Sehen Sie sich das an!	إنظر إلى ذلك!
Sehen Sie nicht hierher!	لا تتطلع!
Geben Sie es mir wieder!	إعطه لي ثانية!
Gehen Sie nach Hause!	إذهب إلى البيت!
Gehen Sie früher nach Hause!	إذهب إلى البيت أبكر!
Wiederholen Sie!	أعد!

Wiederholen Sie das!	أعد ذلك!
Bleiben Sie!	إبق!
Bleiben Sie hier!	إبق هنا!
Bleiben Sie ruhig!	إبق هادئاً!
Gehen Sie hinaus!	أخرج!
Folgen Sie!	إتبع!
Folgen Sie mir!	إتبعني!
Folgen Sie ihm!	إتبعه!
Berühren Sie es nicht!	لا تامسه!
Schenken Sie mir Kaffee ein!	إسكب لي قهوة!

Übung 31 – Was passt zusammen?			**تمرين 31 ـــــ ضع الجواب المناسب!**
1.	Zeigen Sie mir!	a	انظر إلى ذلك!
2.	Treten Sie ein!	b	تطلع إلى هنا!
3.	Darf ich mal?	c	خذ سيارة أجرة!
4.	Denken Sie daran!	d	خذ واحداً آخر!
5.	Zeig mir das Buch!	e	أرني الكتاب!
6.	Führen Sie mich dorthin!	f	خذني إلى هناك!
7.	Nehmen Sie ein Taxi!	g	أمسموح لي؟
8.	Nehmen Sie noch eins!	h	تذكر ذلك!
9.	Sehen Sie her!	i	أدخل!
10.	Sehen Sie das an!	j	أرني!

Lösung الحل

1. j 2. i 3. g 4. h 5. e 6. f 7. c 8. d 9. b 10. a

• في منتجع In einem Kurort

يلتقي السيد فيبر والسيد كون في منتجع.

1. **Weber: Herr Kuhn, schön Sie zu treffen. Erholen Sie sich gut?**

فيبر: يا سيد كون، كم هو جميل أن ألتقي بك. أتستجم بشكل جيد؟

2. **Kuhn: Ja, danke. Leider müssen wir am Sonntag zurück und wieder einen Tag im Bus sitzen.**

كون: نعم، شكراً. وللأسف علينا العودة يوم الأحد وسنقضي يوماً آخر ونحن نجلس في الحافلة.

3. **W: Wie schade! Wie verbringen Sie die Tage hier?**

ف: يا خسارة! وكيف تقضي أيامك هنا؟

4. **K: Meine Frau macht eine Kur. Jeden Morgen und Abend trinkt sie das Heilquellenwasser. Vormittags schwimmt sie im Mineralbad.**

ك: إن زوجتي تعالج. فهي تشرب كل صباح ومساء مياهاً معدنية. وقبل الظهر تستحم في حوض ماء معدني.

5. **W: Bekommt sie auch Massagen und Lehmpackungen?**

ف: وهل يجرى لها تدليك وكمادات من الطين؟

6. **K: Ja, ja. Danach ruht sie sich in der Liegehalle aus. Ich mache während dieser Zeit Gymnastik oder promeniere in der Wandelhalle. Laufen tut mir gut.**

ك: نعم، نعم. وبعد ذلك ترتاح في غرفة الجلوس. وأنا أقوم في هذه الفترة بتمارين رياضية أو أتنزه في داخل المبنى. فالمشي يفيدني كثيراً.

7. **W: Wir hören gern das Kurkonzert und waren auch zweimal wöchentlich im Spielkasino. Aber am Abend und in der Nacht wird es zu kühl, nicht?**

ف: نحن نستمع إلى الحفلات الموسيقية ونذهب مرتين في الأسبوع إلى نادي القمار. لكن في المساء والليل يصبح الطقس بارداً. أليس كذلك؟

8. **K: Ja. Vor zwei Jahren war es hier genau so kalt. Irgendwann einmal fahren wir in einen Kurort weiter südlich.**

ك: نعم، من مدة سنتين كان الطقس هنا بارداً جداً. في يوم ما سنسافر إلى منتجع أبعد إلى الجنوب.

Besichtigung der Sehenswürdigkeiten

• ارتياد المناطق الجميلة أو الأثرية

Laura und Olga sind in der Altstadt

لاورا وأولغا في المدينة القديمة

1. **L: Wie hübsch die Wandmalereien an den Häusern sind. Und es ist so angenehm, dass es keinen Verkehr gibt.**

   لاورا: كم هي جميلة النقوش على الحائط في البيوت! والممتع كذلك هو عدم وجود السير.

2. **O: Hast du nicht gewusst, dass viele Stadtzentren Fußgängerzonen sind? Deshalb haben wir ja auch außerhalb der Stadtmauer geparkt.**

   أولغا: ألم تكوني تعلمين أن كثيراً من المراكز في المدينة هي مناطق للمشاة؟ لذا أوقفنا سيارة خارج جدار المدينة.

3. **L: Ach, so. Hast du jetzt Lust, den Marktplatz, das Rathaus, den Dom und das Kloster zu besichtigen?**

   لاورا: آه! هكذا إذن. أترغبين في زيارة ساحة السوق، والبلدية، والكاتدرائية والدير؟

4. **O: Klar. Sie liegen ja alle nah zusammen. Wir können zuerst auf den Domturm steigen, um einen Überblick über die ganze Stadt zu bekommen. Das empfiehlt auch der Reiseführer. Hast du ihn mitgebracht?**

   أولغا: طبعاً، فكلها قريبة من بعضها. وبامكاننا أولاً الصعود إلى برج الكاتدرائية حتى نحصل على نظرة عامة للمدينة. وهذا ما ينصح به الدليل السياحي. هل جلبته معك؟

5. **L: Wie dumm von mir, ihn nicht mitzubringen! Wie kommen wir denn jetzt ohne Stadtplan zur Stadtmitte?**

   لاورا: كم أنا غبية لأني لم أجلبه! وكيف نصل إلى مركز المدينة بدونه؟

6. **O: Wir können fragen oder uns an der Domspitze orientieren. Wir gehen jetzt zuerst geradeaus, später müssen wir ingendwo links abbbiegen. Und im Dom sind jede halbe Stunde Führungen.**

   أولغا: يمكن أن نسأل أو نستدل على الطريق بواسطة برج الكاتدرائية. لنذهب أولاً على طول الشارع وبعدئذٍ علينا أن ننعطف على اليسار في مكان ما. وفي الكاتدرائية تجرى كل نصف ساعة جولة.

7. **L: Gut.**

Übung 32 – Was passt zusammen? | تمرين 32 ـــــ ضع الجواب المناسب!

1. ________ (الركض) tut mir gut.
   a) Ich laufe
   b) Laufend
   c) Laufen

2. Danach ruht sie sich ________ (غرفة الجلوس) aus.
   a) in die Liegehalle
   b) in der Liegehalle
   c) im Liegehalle

3. Und es ist so ________ (ممتع), dass es keinen Verkehr gibt.
   a) angenehm
   b) bequem
   c) hübsch

4. Wie dumm von mir, ihn nicht ________ (أن أجلب)!
   a) mitzubringen
   b) zu mitbringen
   c) um mitzubringen

5. Hast du jetzt Kust, den Marktplatz, das Rathaus, den Dom und das Kloster ________ (أن تزور) ?
   a) zu besichtigen
   b) besichtigen
   c) besichtigt

6. Hast du nicht ________ (ألم تعرف), dass viele Stadtzentren Fußgängerzonen sind?
   a) weißt
   b) gewusst
   c) gewissen

7. Aber am Abend und ________ (وفي الليل) wird es kühl.
   a) in die Nacht
   b) in Nachts
   c) in der Nacht

8. Leider müssen wir am Sonntag zurück und wieder ________ (يوماً) im Bus sitzen

a) eines Tages

b) einen Tag

c) ein Tag

9. Wir können zuerst auf den Domturm ________ (صعد) , um einen Überblick über die ganze Stadt zu bekommen.

a) steigen

b) umsteigen

c) einsteigen

10. Ich mache ________ (في هذه الأثناء) Gymnastik oder promeniere in der Wandelhalle.

a) während diese Zeit

b) während diesen Zeit

c) während dieser Zeit

Lösung الحل

1. c 2. b 3. a 4. a 5. a 6. b 7.c 8. b 9. a 10. c

sehen	**رأى**
ich sehe	wir sehen
du siehst	ihr seht
er, sie, es sieht	Sie (sie) sehen

Sehen wir einmal nach!	دعنا نرى!
Ich sehe nicht.	لا أرى.
Er sieht alles.	إنه يرى كل شيئ.
Haben Sie sie gerade gesehen?	هل رأيته؟
Ich habe sie gerade gesehen.	لقد رأيتها للتو.
Wen sehen Sie?	من ترى؟

wissen	**علم / عرف**
ich weiß	wir wissen
du weißt	ihr wisst
er, sie, es weiß	Sie (sie) wissen

Ich weiß es.	أعرف ذلك.
Ich weiß es nicht.	لا أعرف ذلك.
Ich weiß es sehr gut.	أعرف ذلك جيداً.
Er weiß nichts.	لا يعرف شيئاً.
Ich weiß nichts darüber.	لا أعلم شيئاً حول ذلك.
Ich weiß, dass er hier ist.	أعرف أنه هنا.
Wissen Sie das?	هل تعرف / تعلم ذلك؟
Wissen Sie, wo er ist?	أتعلم أين هو؟
Wer weiß?	من يعلم / من يعرف؟
Wir wissen nicht, ob er kommt.	لا نعلم إن كان سيأتي.

halten	**أمسك، مسك**
ich halte	wir halten
du hälst	ihr haltet
er, sie, es hält	Sie (sie) halten

Halten Sie mir das einen Moment!	إمسك لي هذا دقيقة!
Er halt seinen Hut in der Hand.	يمسك قبعته بيده.
Halten Sie sich fest!	تمسك!
Bleiben Sie am Apparat!	ابق على الخط!
Halten Sie still!	لا تتحرك!
Er hält es für selbstverständlich.	يعتبر ذلك بديهياً.
Was halten Sie davon?	ما رأيك بذلك؟
Ich halte nicht viel davon.	لا أعير ذلك أهمية.
Halten Sie sich rechts!	إلزم اليمين!
Halten Sie Ihr Versprechen!	فِ بوعدك!

können	**قدر / استطاع**
ich kann	wir können
du kannst	ihr könnt
er, sie, es kann	Sie (sie) können

Ich kann nicht.	لا أستطيع.
Ich kann es tun.	أستطيع فعل ذلك.
Können Sie mir sagen, ob ...	هل يمكن أن تقول لي ...
Können Sie kommen?	أبإمكانك القدوم؟
Ich verstehe nicht, wie er das kann.	لا أفهم كيف يستطيع ذلك.
Ich kann nicht auf die Frage antworten.	لا أستطيع أن أجيب على السؤال.
Sie können es ohne Schwierigkeiten tun?	أبإمكانك أن تفعل ذلك دون صعوبة؟
Ich kann nicht dorthin gehen.	لا أستطيع الذهاب إلى هناك.
Wann können wir gehen?	متى يمكننا الذهاب؟
Sie können dorthin gehen.	بإمكانك الذهاب إلى هناك.
Können Sie mir helfen?	يمكنك مساعدتي؟

verstehen	**فهم**
ich verstehe	wir verstehen
du verstehst	ihr versteht
er, sie, es versteht	Sie (sie) verstehen

Er versteht nicht.	لا يفهم.
Ich verstehe sehr gut.	أفهم جيداً.
Ich verstehe Sie nicht.	لا أفهمك.
Verstehen Sie mich nicht?	ألا تفهمني؟
Verstehen Sie?	أتفهم؟
Verstehen Sie Deutsch?	أتفهم الألمانية؟
Verstehen Sie Englisch?	أتفهم الانكليزية؟
Verstehen Sie alles, was er Ihnen sagt?	أتفهم كل شيئ يقوله لك؟
Ich habe nicht verstanden.	لم أفهم.
Haben Sie verstanden?	هل فهمت؟
Er versteht nichts vom Geschäft.	لا يفهم شيئاً عن التجارة.
Verstanden?	مفهوم؟ أفهمت؟
Ich verstehe es überhaupt nicht.	لا أفهم ذلك أبداً.

legen	وضع بشكل منبطح / مسطح
stellen	وضع بشكل منتصب.
hinstellen	وضع عاى منضدة.

Stellen Sie es dorthin!	ضعه هناك / أوقفه هناك!
Wo haben Sie es hingestellt?	أين وضعته؟
Legen Sie es hin!	ضعه هناك!
Er weiß nie, wo er seine Sachen hinlegt.	لا يعرف أبداً أين يضع أغراضه.
Stellen Sie den Schirm in die Ecke.	ضع الشمسية في الزاوية.
Legen Sie das Buch auf den Tisch!	ضع الكتاب على المنضدة.

kennen	**عرف**
ich kenne	wir kennen
du kennst	ihr kennt
er, sie, es kennt	Sie (sie) kennen

Ich kenne ihn.	أعرفه.
Ich kenne es nicht.	لا أعرف ذلك.
Kennen Sie dieses Wort?	أتعرف هذه الكلمة؟
Ich kenne seine Familie.	أعرف عائلته.
Jeder kennt es.	كل شخص يعرف ذلك.
Ich kenne ihn dem Aussehen nach.	أعرفه بالوجه.
Ich kenne ihn dem Namen nach.	أعرفه من اسمه.
Das ist sehr bekannt.	ذلك مشهور جداً.
Das ist nicht sehr bekannt in Deutschland.	ليس ذلك معروفاً كثيراً في ألمانيا.
Das ist unbekannt.	هذا غير معروف.

wollen	**أراد / رغب**
ich will	wir wollen
du will	ihr wollt
er, sie, es will	Sie (sie) wollen

Ich will es.	أريده.
Ich will es nicht.	لا أريده.
Ich will nichts.	لا أريد شيئاً.
Ich will etwas.	أريد قليلاً.
Er will nichts davon.	لا يريد شيئاً من ذلك.
Er kann es tun, aber er will nicht.	بإمكانه فعل ذلك ولكنه لا يريد.
Wollen Sie?	أتريد؟
Was wollen Sie?	ماذا تريد؟
Was möchten Sie?	ماذا تريد / ماذا ترغب؟ ماذا تحب؟
Wollen Sie kommen?	أتريد أن تأتي؟
Wollen Sie mit uns kommen?	أتريد أن تأتي معنا؟
Wollen Sie Samstag kommen?	أتريد أن تأتي يوم السبت؟

Wollen Sie mit uns zu Mittag essen?	أتريد أن تتناول الغذاء معنا؟
Wer will das?	من يريد ذلك؟
Was wollen Sie sagen?	ماذا تريد أن تقول؟
Wollen Sie mir folgen?	أتريد أن تتبعني؟
Wie Sie wollen.	كما تريد.
Wenn Sie wollen, kann ich es Ihnen bringen.	إذا أردت جلبته لك.

müssen	**عليه أن / وجب**
ich muss	wir müssen
du musst	ihr müsst
er, sie, es muss	Sie (sie) müssen

Ich muss jetzt gehen.	علي أن أذهب الآن.
Er muss kommen.	عليه أن يأتي.
Er muss hier sein.	عليه أن يكون هنا.
Sie müssen dort sein.	عليهم أن يكونوا هناك.
Müssen Sie dort hingehen?	أعليك الذهاب (إلى هناك)؟
Was muss ich tun?	ما يجب أن أفعل؟

warten	**انتظر**
Warten Sie hier!	انتظر هنا!
Warten Sie dort!	انتظر هناك!
Warten Sie auf mich!	انتظرني!
Warten Sie ein wenig!	انتظر قليلاً !
Warten Sie einen Moment!	انتظر هنيهة!
Warten Sie nicht auf ihn!	لا تنتظره!
Ich warte auf ihn.	إني أنتظره.
Sie wartet auf die anderen.	تنتظر الآخرين.
Auf wen warten Sie?	من تنتظر؟
Warum warten Sie?	لما تنتظر؟
Es tut mir Leid, dass ich Sie habe warten lassen.	آسف لتأخري عليك.

fragen	**سأل**
Fragen Sie dort drüben!	إسأل في الطرف الآخر!
Was fragt er?	ماذا يسأل؟
Fragen Sie nach dem Weg, wenn Sie sich verlaufen.	إسأل عن الشارع عندما تضل الطريق!
Fragen Sie ihn, wie spät es ist!	إسأله كم الساعة؟
Gehen Sie und fragen Sie ihn!	إذهب وإسأله!
Ich komme gleich zurück, falls jemand nach mir fragt.	إن سأل أحد عني، سأعود قريباً.
Er hat gefragt, wo es ist.	سأل أين ذلك.
Was man weiß, soll man nicht fragen.	لا تسأل ما تعرفه.
Stellen Sie nicht so viele Fragen!	لا تسأل كثيراً!
Jemand fragt nach Ihnen.	أحد ما يسأل عنك.
Ich frage mich, ob das wahr ist.	أسأل نفسي إن كان ذلك حقيقة
Ich frage mich, warum er nicht kommt	أسأل نفسي لماذا لا يأتي.
Das frage ich mich selbst.	أنا مندهش من ذلك.
lieben	**عشق / أحب**
gern haben	استحسن / أحب
lieber haben	فضّل
Er liebt sie.	إنه يحبها.
Er ist in sie verliebt.	كان والهاً بها.
Haben Sie ihn gern?	أتحبه؟
Das habe ich nicht gern.	لا أستلطف ذلك.
Ich habe das andere lieber.	أفضل الآخر.
Ich gehe lieber heute Abend dorthin.	أفضل الذهاب اليوم مساءً.

wert sein	**له قيمة**
Wie viel ist das wert?	كم قيمة ذلك؟
Das ist keinen Pfennig wert.	لا يساوي ولا قرشاً.
Das ist nichts wert.	لا يساوي شيئاً.
Das ist es nicht wert.	إنه لا يستحق تلك القيمة.
Das ist nicht viel wert.	لا يساوي كثيراً.
Das ist preiswert.	السعر مناسب.
Das ist viel Geld wert.	إن ثمنه عالٍ.
Das ist nicht der Mühe wert.	لا يستحق التعب.

Aushängeschilder und allgemeine Hinweise	**• لافتات وإشارات عامة**
Bekanntmachung	إعلان عام
Herren	رجال
Damen	نساء
Herrentoilette	مرحاض للرجال
Damentoilette	مرحاض للسيدات
WC	مرحاض
Nichtraucher	لغير المدخنين / ممنوع التدخين
Rauchen verboten!	ممنوع التدخين
Geöffnet	مفتوح
Geschlossen	مغلق
Eingang	دخول / مدخل
Ausgang	خروج / مخرج
Notausgang	مخرج اضطراري
Fahrstuhl	مصعد
Erdgeschoss	طابق أرضي
Drücken	ادفع / اكبس
Ziehen	اسحب
Drehen	أدر
Bitte klingeln!	اقرع الجرس
Durchgang verboten!	ممنوع المرور!

Flugplatz	المطار
Herein!	ادخل!
Herein ohne zu klopfen	ادخل دون طرق الباب
Vor Eintritt klopfen	اطرق قبل الدخول
Wegen Umbau geschlossen	مغلق بسبب التصليحات
Unter neuer Leitung	تحت إدارة جديدة
Eintritt verboten!	ممنوع الدخول
Eröffnung in Kürze	الافتتاح قريباً
Ganze Nacht geöffnet!	مفتوح الليل بكامله
Es ist verboten, auf den Boden zu spucken.	ممنوع البصق على الأرض
Füße abputzen	امسح أحذيتك
Hunde an die Leine!	اربط الكلب
Für Fußgänger verboten!	ممنوع للمشاة
Betreten des Geländes verboten!	ممنوع الدخول
Beschwerdebüro	مكتب الشكايات
Am Schalter fragen	إسأل على الكوة
Geldwechsel	صرف العملة أو الأوراق المالية
Zu verkaufen	للبيع
Zu vermieten	للإيجار
Wohnung zu vermieten	شقة للإيجار
Möblierte Wohnung zu vermieten	شقة مفروشة للإيجار
Preisnachlass	خفض الأسعار تخفيضاً محسوساً.
Ausverkauf	بيع للتصفية
Garderobe	غرفة قيد الأسماء (في فندق)
Passkontrolle	نقطة تفتيش الجوازات
Portier	بواب
Abstellraum	حجرة الثياب / مكان إيداع المعاطف
Umleitung	تحويلة
Straßenarbeiten	أعمال صيانة الطرق
Achtung: Kurve	انتبه: منعطف
Parken verboten	ممنوع وقوف السيارات
Einbahnstraße	شارع ذو اتجاه واحد

Überschreiten der Gleise verboten	ممنوع عبور سكة الحديد!
Eisenbahnkreuzung	معبر السكة الحديدية
Eisenbahnstrecke	الخط الحديدي
Unterführung	نفق
Halt!	قف!
Vorsicht!	حذار!
Fußgänger	مشاة
Kreuzung	تقاطع
Omnibushaltestelle	موقف الحافلات
Plakate ankleben verboten!	ممنوع لصق الإعلانات
Höchstgeschwindigkeit: 30 Stundenkilometer	السرعة القصوى 30 كم / سا
Langsam fahren!	خفف السرعة
Schule	مدرسة
Gefahr!	خطر!
Frisch gestrichen	إحذر الدهان
Haltestelle	موقف
Nicht aus dem Fenster hinauslehnen!	لا تخرج رأسك من النافذة
Alarmsignal	إشارة إنذار
Hochspannung	توتر عال
Untergrundbahn	قطار تحت الأرض
Gepäckaufbewahrung	مستودع الأمانات
Garderobe	غرفة تسليم المعاطف
Wartesaal	قاعة الانتظار
Erster Klasse	درجة أولى
Zweiter Klasse	درجة ثانية
Dritter Klasse	درجة ثالثة
Gaststätte	مطعم
Altstadt	المدينة القديمة
Ankunft	وصول
Abfahrt	انطلاق
Bahnsteig	رصيف المحطة

Auskunft	استعلامات
Auskunftschalter	كوة الاستعلامات
Theaterkasse	شباك التذاكر
Postamt	مكتب البريد
Briefkasten	صندوق بريدي
Kartenschalter	مكتب بيع التذاكر
Feuerlöscher	جهاز إطفاء الحريق
Bibliothek	مكتبة عامة
Polizeiwache	مركز الشرطة
Tankstelle / Benzin	كازية
Buchhandlung	مكتبة (بيع الكتب)
Rathaus	مجلس البلدية
Herren- und Damenfriseur	حلاق للرجال والسيدات
Friseuse	حلاقة
Arzt	طبيب
Zahnarzt	طبيب أسنان
Schuhmacher	صانع الأحذية
Matinee	حفلة عرض بعد الظهر
Abendvorstellung um 8.30	عرض سينمائي الساعة 8,30
Abendkleidung	لباس السهرة
Laufende Vorstellung	عرض مستمر
Programmwechsel!	تغيير البرنامج
Erfrischungen	مرطبات

1. ________ (كيف) geht es Ihnen?
   a) Wann
   b) Wie
   c) Wenn

2. ________ (تكلم) langsam!
   a) Sprechen
   b) Sprecht
   c) Sprich

3. ________ (ألديك) Sie Zigaretten?
   a) Habe
   b) Hast
   c) Haben

4. ________ (لي) ist die Friedrichstraße?
   a) Wo
   b) Wann
   c) Dass

5. ________ (أريد) eine Tasse Kaffee.
   a) Ich will
   b) Ich möchte
   c) Ich gehe

6. Wir möchten für drei Personen ________ (فطور).
   a) Mittagessen
   b) Früstück
   c) Abendessen

7. ________ (إجلب) Sie mir einen Teelöffel!
   a) Geben
   b) Bringen
   c) Können

8. Wo befindet sich ________ (محطة القطار).

a) der Weg

b) der Bahnhof

c) das Büro

9. ________ (أتكون) sicher?

a) Machen Sie

b) Sagen Sie

c) Sind Sie

10. ________ (لدي) Genug Zeit.

a) Ich bin

b) Ich habe

c) Ich hatte

11. ________ (ألديه) Geld?

a) Gibt es

b) Ist er

c) Hat er

12. ____________(أتوجد)Briefe für mich?

a) Es gibt

b) Gibt es

c) Hat er

13. ________(أتفهم) Sie gut Deutsch?

a) Verstehe

b) Verstehen

c) Hören

14. Es ________ (يسرني), Sie kennenzulernen.

a) glücklich

b) freut mich

c) geehrt

15. Wollen Sie davon wenig oder ________ (كثير)?

a) noch

b) viel

c) mehr

16. Was ________ (تقول) Sie?

a) machen

b) sagen

c) gesagt

17. Wie ________ (يقال) das auf Deutsch?

a) sagen Sie

b) sagt man

c) schreibt man

18. Ihre Telefonnummer ist ________ (3 30 74).

a) drei dreiundzwanzig vierundfünfzig

b) drei dreißig vierundsiebzig

c) drei einunddreißig achtundsiebzig

19. ________ (احتاج) das.

a) Ich möchte

b) Ich habe davon

c) Ich brauche

20. Ich komme ________ (غداً صباحاً) .

a) Nachmittag

b) morgen früh

c) gestern Abend

21. ________ (على المرء) den Hausmaeister deshalb sehen?

a) Müssen

b) Muss man

c) Musst du

22. Ich ________ (أرجو) Sie um Verzeihung.

a) bitte

b) frage

c) sage

23. Wie ________ (تدعى) Sie?

a) heißen

b) nennen

c) sind

24. ________ (الحساب), bitte.

a) Die Butter

b) Das Geld

c) Die Rechnung

25. Klönnten Sie mir eine Serviette ________ (أعطى)?

a) bestellen

b) geben

c) gehen

Lösung الحل

1. b	2. a	3. c	4. a	5. b	6. b	7. b	8. b
9. c	10. b	11. c	12. b	13. b	14. b	15. b	16. b
17. b	18. b	19. c	20. b	21. b	22. a	23. a	24. c
							25 b

Zusammenfassung der deutschen Grammatik

ملخص لقواعد اللغة الألمانية

• الأبجدية Das Alphabet

الحرف	لفظه	الحرف	لفظه	الحرف	لفظه
a	ah	j	yot	s	ess
b	beh	k	kah	t	teh
c	tseh	l	ell	u	oo
d	deh	m	em	v	fau
e	eh	n	en	w	weh
f	eff	o	oh	x	iks
g	gay	p	peh	y	üpsilon
h	hah	q	ku	z	tset
i	ih	r	err		

• الحروف الصوتية Die Vokale

a	طويل مثل الألف في باب	Vater	أب
a	قصير مثل الفتحة في فَتَح	Ratte	جردون
ä	طويل مثلai كما في الكلمة الانكليزية hair	spät	متأخر
ä	قصير مثل e كما في الكلمة الانكليزية men	Männer	رجال
e	طويل مثل a كما في الكلمة الانكليزية dare	gehen	ذهب
e	قصير مثل e كما في الكلمة الانكليزية bent	Adresse	عنوان
i, ie	طويل كالياء في تين	Liebe	حب
i	قصير كالكسرة في بهِ	Mitte	وسط
o	طويل كالواو في "بون"	Bohne	فاصولياء
o	قصير كالضمة في كُم:	kommen	أتى
ö	طويل مثل æ في الكلمة الفرنسية bæuf	König	ملك
ö	قصير	können	قدر
u	طويل كالواو في كوخ	Buch	كتاب
u	قصير كالضمة في بُرْكة	dumm	غبي
ü	طويل مثل u كما في الكلمة الفرنسية tu	früh	باكراً
ü	قصيرة	Brücke	جسر
y	طويلة مثل في الكلمة الفرنسية	Typ	نموذج

- **ازدواجية حرفين صوتيين** **Dyphtonge**

ai / **ei**	يلفظان مثل أيْ:	Kai	رصيف / مرفأ
		Leine	حبل
au	يلفظ مثل حرف العطف أَوْ		
äu / **eu**	يلفظان مثل oy في الكلمة الانكليزية boy	häufig	بشكل مستمر
		Freund	صديق

- **الحر وف الساكنة** **Die Konsonanten**

b مثل b في الكلمة الانكليزيةbed

c كحرف الكاف ونادراً كـــــ تْسِ

d كالدال في "دار"

f كالفاء في "فيل"

g كالغاء في "غال"

h كالهاء إذا وردت في أول الكلمة أو في أول المقطع.

j كالياء

k كالكاف في كان

l كاللام في لمس

m كالميم في ميس

n كالنون في نام

p كـــــp الانكليزية في الكلمة painter

q كـــــq الانكليزية في الكلمة quality

r كالراء في راية

s كالزين في أول الكلمة أو بين حرفين صوتيين، أما في نهاية الكلمة كحرف السين.

t كالتاء في تمام

v كالفاء في الكلمة الألمانية مثل فولكس

w كـــvالانكليزية في الكلمة vain

x كالكلمة إكس

z كالحرفين ts

Sonderverbindung einiger Buchstaben • اتحاد خاص لبعض الحروف

ch	يلفظان كالكاف كما في	Charakter	سلوك
chs	يلفظان كـــــ ks كما في	Fuchs	ثعلب
ch	يلفظان كـــــ ch الانكليزية في الكلمة church	Kirche	كنيسة
ch	يلفظان كالخاء بعد الحروف الصوتية u, o, a	Loch	ثقب
ck	في المركز الأخير كالحرف k	Scheck	شيك
ig	كحرف الشين المخفف	Essig	خل
sch	كالشين العربية في شايب	Schuh	كندرة
sp	في أول الكلمة يلفظ الحرفs مثل الشين "شبانيين"	Spanien	اسبانيا
st	في أول الكلمة يلفظ الحرف s مثل الشين "شتات"	Stadt	مدينة
tz	يلفظ كـــــ ts	Blitz	برق

Deklination des deutschen Nomens • إعراب الاسم الألماني

1. *Nominativ: Subjekt* — 1 الفاعل (المبتدأ)

   Das Buch ist hier. — الكتاب هنا.

2. *Genitiv* — 2 المضاف إليه

   der Name **des Lehrers** — اسم المعلم

3. *Dativ* — 3 المفعول به غير المباشر

   Er gibt **dem Kind** einen Apfel. — إنه يعطي الطفل تفاحة.

4. *Akkusativ* — 4 المفعول به

   Sie schreibt **den Satz**. — تكتب الجملة.

• العدد: المفرد والجمع Die Zahl: Singular und Plural

1 المذكر

• الاسم + e

der Abend	die Abend***e***
der Freund	die Freund***e***

• الاسم + er

der Geist	die Geist***er***
der Leib	die Leib***er***

• الاسم + e + Umlaut

der Hut	die H***ü***t***e***
der Fall	die F***ä***ll***e***

• الاسم + er + Umlaut

der Mann	die M***ä***nn***er***
der Rand	die R***ä***nd***er***

• الأسماء المنتهية بـ el, en, er لا تتغير في الجمع

der Schlüss**el**	die Schlüss**el**
der Kuch**en**	die Kuch**en**
der Mal**er**	die Mal**er**

• بـ وهناك نوع آخر من إعراب الاسم، وهو إعراب الاسم الذي ينتهي -n, -en : جمعه

der Junge	die Junge***n***
der Mensch	die Mensch***en***

2 المؤنث

- إن غالبية بإضافة الأسماء المؤنثة تشكل صيغة جمعها بإضافة ***-en, -n*** :

die Tür	die Tür***en***
die Frage	die Frage***n***

- وتأخذ بعض الأسماء في نهايتها e ـــ أو e + Umlaut:

die Kenntnis	die Kenntniss***e***
die Frucht	die Fr***ü***cht***e***

- صيغة المؤنث المنتهية بـــ المنتهية in- تشكل جمعها بـــ innen-: :

die Schülerin	die Schülerin***nen***
die Freundin	die Freundin***nen***

3 المحايد

- إن غالبية الأسماء المحايدة تشكل صيغة الجمع كالأسماء لمذكرة، وأكثرها تأخذ e- أو er-

Das Heft	die Heft***e***
Das Licht	die Licht***er***

- **جنس الاسم**

1 مذكر هو:

- النسبة التجارية أو المهنية:

der Maler, der Arzt, der Künstler

- ألقاب النبلاء:

der Fürst, der Graf, der König

- الأسماء المنتهية بـــ -ling:

der Sperling, der Jüngling

2 مؤنث هو:

- مهنة الإناث:

die Malerin, die Ärztin

- ألقاب النبيلات:

die Königin, die Fürstin

- أسماء الأعداد:

die Drei, die Null

- عدد كبير من أسماء الأشجار:

die Tanne, die Fichte

- الأسماء المنتهية بـــ -ei, -heit, -keit, -schaft, -sucht, -ung :

die Freiheit, die Gesellschaft, die Ahnung

3 محايد هو:

- جميع الكلمات المنتهية بـــ -lein أو -chen:

Das Mädchen, das Büchlein

- جميع الأسماء التي تنتهي بـ -tum:

das Altertum, das Reichtum

- أسماء
المعادن:

das Gold, das Eisen

- أغلب المدن المسبوقة بصفة:

das schöne Berlin

- أسماء
المعادن:

das Rot

- الأسماء الجامعة التي تبدأ بالسابقة -Ge:

das Gebirge

- **النبرة:**

إن الكلمات الألمانية عادة لها مقطعاً واحداً مشدد عليه أو مقطعين إذا كانت الكلمة طويلة.

1 **الكلمات القصيرة**: تقع النبرة عادة على المقطع الأول:

مثال: **Vater, Mutter, Bruder**

2 **الكلمات الطويلة**: يكون التشديد عادة على جذر الكلمة:

abmachen, ***zu***geben, ***mit***gehen

3 إذا كانت السابقة غير قابلة للإنفصال وقع التشديد على المقطع الثاني. ومن هذه السوابق غير قابلة للفصل: be, emp, ent, er, miss, ver, zer

er***halt***en, ver***gess***en, zer***brech***en

- **أداة التعريف**

1 يمكن استعمال أداة التعريف مع اسم الشخص الأول. مثال:

هانس ومرغريت	Der Hans und die Margarete

2 قبل اللقب:

هل السيد الدكتور في المنزل؟	Ist der Herr Doktor zu Hause?
كلا، بل السيدة الدكتورة في المنزل.	Nein, aber die Frau Doktor ist zu Hause.

تذّكر إعراب الأداة:

الجمع	محايد	مؤنث	مذكر
Nom. die	Nom. das	Nom. die	Nom. der
Gen. der	Gen. des	Gen. der	Gen. des
Dat. den	Dat. dem	Dat. der	Dat. dem
Akk . die	Akk . das	Akk. die	Akk. den

- **أداة التنكير**

أداة التنكير هي ein والنفي لهذه الأداة يصبح kein

لم يكن طبيباً وإنما طبيب أسنان. **Er war *kein* Arzt, sondern ein Zahnarzt.**

مذكر	مؤنث	محايد
Nom. ein	Nom. eine	Nom. ein
Gen. eines	Gen. einer	Gen. eines
Dat. einem	Dat. einer	Dat. einem
Akk. einen	Akk. eine	Akk. ein

ملاحظة: إن أداة التنكير تجمع فقط في حالة النفي:

جمع
Nom. keine
Gen. keiner
Dat. keinen
Akk . keine

- **الصـفـات**

تعرب الصفة بطرق ثلاث:

1 دون أداة (الإعراب القوي):

مذكر	مؤنث	محايد
Nom. rot***er*** Wein	Nom. rot***e*** Tinte	Nom. rot***es*** Licht
Gen. rot***en*** Weines	Gen. rot***er*** Tinte	Gen. rot***en*** Lichtes
Dat. rot***em*** Wein	Dat. rot***er*** Tinte	Dat. rot***em*** Licht
Akk roten Wein	Akk. rot***e*** Tinte	Akk. rot***es*** Licht

جمع

Nom. rot***e*** Weine

Gen. rot***er*** Weine

Dat. rot***en*** Weine***n***

Akk . rot***e*** Weine

2 مع أداة التنكير، وضمائر الملكية أو مع أداة التنكير المنفية أو حروف مماثلة:

مذكر	مؤنث	محايد
N. ein rot***er*** Wein	N. seine rot***e*** Tinte	N. kein rot***es*** Licht
G. eines rot***en*** Weines	G. seiner rot***en*** Tinte	G. keines rot***en*** Lichtes
D. einem rot***en*** Wein	D. seiner rot***en*** Tinte	D. keinem rot***en*** Licht
A. einen rot**en** Wein	A. seine rot***e*** Tinte	A. kein rot***es*** Licht

جمع

N. meine rot***en*** Weine

G. meiner rot***en*** Weine

D. meinen rot***en*** Weine***n***

A. meine rot***en*** Weine

- **أفعل التفضيل للصفة**

إن عدداً كبيراً من الصفات تقبل التدريج، إذ بتغيير معين لشكل الصفة يتعدل خاصتها، فيحدث هنا تغيير نسميه تفضيل الصفة. ويمكن أن نفرق بين الصفة الأساسية der Positiv وأفعل التفضيل der Komparativ والدرجة الأولى للتفضيل (الأفعل) der Superlativ (الدرجة العليا) . هذا وإن الحالات الثلاث هذه تأتي كصفة خبرية وظرفية أو كنعت قبل الموصوف.

1 يتم تشكيل الدرجة الأولى للتفضيل **er** على الصفة الأساسية والدرجة العليا بإضافة**st** أو **est** على نفس الصفة.

سيئ، أسوأ، الأسوأ — schlecht, schlech*er*, schlecht*est*

وهناك صفات مؤلفة من مقطع واحد وتأخذ هذه إضافة إلى ما ذكر النقطتين (").

مسن، أكبر سناً، الأكبر سناً — alt, ***ä***lt*er*, *ä*lt*est*

2 وهناك عدد قليل من الصفات لها أفعل تفضيل شاذ. وأكثرها استعمالاً هي:

Positiv	**Komparativ**	**Superlativ**
gut	besser	der (die, das) beste, am besten
groß	größer	der (die, das) größte, am größten
hoch	höher	der (die, das) höchste, am höchsten
nah	näher	der (die, das) naheste, am nahesten
viel	mehr	der (die, das) meiste, am meisten
gern	lieber	der (die, das) liebste, am liebsten

- **اللفظ التبعيضي**

1 لا يترجم عادة وهو يدل على التجزئة، مثال:

إعطني خبزاً. — **Geben Sie mir Brot.**

إعطني كأساً من الخمر. — **Geben Sie mir ein Glas Wein.**

2 إن الكلمة etwas تستعمل للدلالة على شيئ ما:

أعطيه شيئاً للشرب. — **Ich gebe ihm etwas zu trinken.**

أعطيه شيئاً من ذلك. — **Ich gebe ihm etwas davon.**

3 وتعرب صيغة النفي kein كأداة التنكير. مثال:

أملك سكيناً ولكن لا أملك شوكة.	**Ich habe ein Messer, aber keine Gabel.**

- **اللفظ التبعيضي**

تدل هذه الضمائر على ما يملكه الإنسان، أو الشيء، أو تدل على تبعية هذه أو ذلك أو شيء آخر. وإذا أتت ضمائر الملكية قبل اسم فإنها تقوم مقام أداة التعريف وهي تأخذ نهايات إعراب أداة التنكير.

1 **حالة الرفع der Nominativ**

جمع	مؤنث	مذكر ومحايد
meine	meine	mein
deine	deine	dein
seine	seine	sein
ihre	ihre	ihr
unsere	unsere	unser
eure	eure	euer
Ihre	Ihre	Ihr
ihre	ihre	ihr

أمثلة:

كلبي	**mein Hund**
عمتي / خالتي	**meine Tante**
والدها	**ihr Vater**
والدته	**seine Mutter**
كتابك (رسمي)	**Ihr Buch**
أقلامهم	**ihre Bleistifte**

2 لاحظ أن هذه الضمائر لا توافق الاسم في الجنس والعدد فقط وإنما مع الاسم الذي يعدله: والضميرsein و seine يستعمل مع الشخص الثالث المذكر والمحايد. مثال:

Hans spricht mit seiner Mutter.	هانس يتكلم مع والدته.
Das Bier hat seinen Geschmack verloren.	فقدت البيرة طعمها.
Sie liest ihren Roman.	إنها تقرأ قصتها الطويلة.

- **ضمائر الملكية لوحدها**

der Nominativ حالة الرفع

مذكر ومحايد	مؤنث	محايد
meiner	meine	meines
deiner	deine	deines
seiner	seine	seines
ihrer	ihre	ihres
unserer	unsere	unseres
euer	eure	eures
Ihrer	Ihre	Ihres
ihrer	ihre	ihres

Ist das mein Hut? - Ja, das ist Ihrer.

هل هذه قيبعتي؟ نعم، أنها قبتعتك (إنها خاصتك).

Ist das deine Krawatte? - Ja, das ist meine.

هل رباط العنق هذا لك؟ نعم، إنه لي.

Ist das sein Buch? - Nein, das ist meins.

هل هذا كتابه؟ كلا، إنه كتابي.

Ist das ihr Schirm? - Nein, das ist seiner.

هل هذه مظلتها؟ كلا، إنها مظلته.

- **أسماء الإشارة**

هذا أو هذه: **مفرد**

مذكر	**مؤنث**	**محايد**	هولاء: **الجمع**
N. dieser	N. diese	N. dieses	N. diese
G. dieses	G. dieser	G. dieses	G. dieser
D. diesem	D. dieser	D. diesem	D. diesen
A. diesen	A. diese	A . dieses	A . diese

Dieses Haus ist schön. هذا البيت جميل.

Er sieht _diesen_ Mann. إنه يرى هذا الرجل.

Das Haus ist häßlich. هذا البيت بشع.

Er gibt _dieser_ Frau ein Geschenk. إنه يعطي هذه الإمرأة هدية.

وتستخدم أسماء الإشارة هذه كأداة تعريف قبل الاسم أو مستقلة بشكل ضمير. وهي تشير إلى شخص أو شيء.

- وهناك أسماء إشارة أخرى تستخدم قبل كل شيء في اللغة الرسمية وهي تعرب كما يعرب الاسم والصفة معاً، فالجزء الأول منه يعرب كأداة التعريف والقسم الثاني jenig- يعرب كما تعرب الصفة.

مذكر	**مؤنث**	**محايد**	**الجمع**
ذلك	تلك	ذلك	أولائك
N. derjenige	N. diejenige	N. dasjenige	N. diejenigen
G. desjenigen	G. derjenigen	G. demjenigen	G. derjenigen
D. demjenigen	D. derjenigen	D. demjenigen	D. denjenigen
A. denjenige	A. diejenige	A . dasjenige	A . diejenigen

Mein Buch ist blau. _Dasjenige_ meiner Schwester ist grün.

كتابي أزرق، أما كتاب أختي فهو أخضر.

- **الأسماء الموصولة**

يدعى اسم الموصول في الألمانية بضمير الموصول،وهو يتبع الاسم بجنسه وعدده ، أما بالنسبة لإعرابه فيتبع جملة الموصول ، ويأتي اسم الموصول في أول الجملة الثانوية.
أما في آخر الجملة فيأتي الفعل.
إن صيغ أسماء الموصولة هي نفسها صيغ أداة التعريف (الأشكال المعربة).

هناك ثلاث حالات لا تشبه أداة التعريف:

:dessen مضاف إليه مفرد، مذكر ومحايد.
:deren مضاف إليه مؤنث، ومضاف إليه جمع (مذكر، ومؤنث، ومحايد).
:denen حالة الـــ Dativ في الجمع، مذكر، ومؤنث، ومحايد.

مفرد

	محايد	**مؤنث**	**مذكر**
الذي / التي	N. das	N. die	N. der
الذي / التي (مضاف إليه)	G. dessen	G. deren	G. dessen
إلى الذي / إلى التي	D. dem	D. der	D. dem
الذي / التي (مفعول به)	A . das	A. die	A. den

جمع

اللذين / اللواتي	N. die
اللذين / اللواتي (مضاف إليه)	G. deren
اللذين / اللواتي (مفعول به غير مباشر)	D. denen
اللذين / اللواتي (مفعول مباشر)	A . die

أمثلة:

Der Junge, *dessen* Vater ich kenne, heißt Richard.

الشاب الذي أعرف والده يدعى ريتشارد.

Die Frau, *deren* Tochter die Universität besucht, arbeitet in einem Kaufhaus.

السيدة التي ابنتها تزور الجامعة، تعمل في متجر.

- **اسم الموصول-welch**

إن الأسماء الموصولة welcher, welche, welches والجمع welche لها نفس معنى der, die, dasوهي تعرب مثلها، ولكن ليس لها صيغة مضاف إليه.

Der Freund, *welcher* morgen kommt, heißt Max.

الصديق الذي سيأتي غداً اسمه ماكس.

ملاحظات:

1 قلنا إن اسم الموصول يتبع السم بجنسه وعدده:

الفتاة التي تلعب في الشارع. **Das Mädchen, *das* auf der Straße spielt.**

2 يجب وضع فاصلة قبل اسم الموصول.

3 يأتي الفعل دائماً في آخر الجملة (جملة ثانوية).

• الضمائر الشخصية

إعراب الضمير الشخصي (دون حالة المضاف إليه).

مفرد

Nom.	ich	du	er	sie	es	Sie
Dat.	mir	dir	ihm	ihr	ihm	Ihnen
Akk.	mich	dich	ihn	sie	es	Sie

جمع

Nom.	wir	ihr	sie	Sie
Dat.	uns	euch	ihnen	Ihnen
Akk.	uns	euch	sie	Sie

Wir geben *ihr* Blumen. — نعطيها أزهاراً.

Du sprichst mit *ihm*. — أنت تتكلم معه.

Wir sprechen von *Ihnen*. — نحن نتكلم عنك.

Diese Geschenke sind für *dich*. — هذه الهدايا لك.

• الضمائر النكرة أو غير الشخصية

إذا كنا لا نرغب أو لا نستطيع تحديد الشخص، أو الشيء، أو المفهوم، استخدمنا الضمير النكرة. إن بعض أنواع هذه الضمائر تدل على أشخاص فقط.

man
jeder (man)
jemand
niemand

وبعضها الآخر تدل على أشياء مثل etwas

أمثلة

أحد ما يقف أمام الباب.	*Jemand* steht vor der Tür.
يجب القيام بشيء ما.	Es muss *etwas* geschehen.
أحد ما يتكلم هنا الألمانية فقط.	*Man* spricht hier nur Deutsch.

- **موقع الضمير في الجملة**

في الجملة الألمانية يحتل الضمير المرفوع عادة المركز الأول ويليه ضمير النصب غير المباشر ومن ثم ضمير النصب المباشر.

1	einen Roman	dem Bruder	gibt	Er
	مفعول به مباشر	مفعول غير مباشر		فاعل (مبتدأ)

إنه يعطي أخاه رواية.

2	eine Ledertasche	der Mutter	schenkt	Sie

إنها تهدي والدتها حقيبة جلد.

إن المفاعيل dem Bruder و der Mutter هي مفاعيل غير مباشرة، وحين نبدلها بالضمائر التابعة لها أصبحت الجملة بالشكل التالي:

Er gibt *ihm* einen Roman.
Sie schenkt *ihr* eine Ledertasche.

3 أما إذا بدلنا المفاعيل المباشرة بضمائر أصبحت الجملة:

نه يعطيه رواية.	Er gibt *ihn* dem Bruder.
إنها تهديها لوالدتها.	Sie schenkt *sie* der Mutter.

4 أما إذا بدلنا المفاعيل المباشرة وغير المباشرة بالضمائر المختصة نحصل على:

إنه يعطيها له.	Er gibt ihn ihm.
إنها تهديها لها.	Sie schenkt sie ihr.

- **النفي**

يشكل النفي في اللغة الألمانية بعض الصعوبات، لذا وجب علينا أن ننتبه بشكل جيد إلى ما يراد نفيه في الجملة.

هناك عدد لا بأس به من أدوات النفي في الألمانية، وللنفي أشكال، تنفي عادة الجملة باستعمال كلمة **nicht** وهي تلي غالباً الفعل. وقد تأتي أخرى بين الفعل وأداة النفي. **مثال:**

أعلم.	**Ich weiß.**
لا أعلم.	**Ich weiß nicht.**
لا أعلم ذلك.	**Ich weiß es nicht.**

هذا وإن النفي لأداة التنكير **ein** هو **kein**

- **الظرف**

إن الظروف هي نوع من الكلمات التي لا تبدل في صيغتها. يأتي الظرف دائماً بعد الأسماء والضمائر ولكنه يسبق الصفة وظروف أخرى.

1 تستعمل جميع الصفات تقريباً كظروف.

2 تشكل صيغة أفعل التفضيل للظروف كما هي الحال مع الصفات تماماً، وتشكل الدرجة العليا للتفضيل بوضع am بدل الأداة والنهاية ‎-en.

أمثلة

فريتس راقص ماهر.	**Fritz ist ein guter Tänzer.**
فريتس يرقص بشكل جيد.	**Fritz tanzt gut.**
كارل يرقص أفضل من فريتس.	**Karl ist ein besserer Tänzer als Fritz.**
فريد أستير هو أفضل راقص.	**Fred Astaire ist der beste Tänzer.**
فريد أستير يرقص بأحسن شكل.	**Fred Astaire tanzt am besten.**

3 إن عدداً قليلاً من الظروف لها صيغة أفعل التفضيل وصيغة التفضيل العليا شاذة. وأكثرها استعمالاً هي:

كثير، أكثر، الأكثر	am meisten	mehr	viel
بسرور، أفضل، الأفضل	am liebsten	lieber	gern
قريباً، أكثر عجلة، في أقرب وقت ممكن	am ehesten	eher	bald

4 ظروف المكان

هنا	**hier**
هناك	**dort**
بعيداً	**fort**
يساراً	**links**
يميناً	**rechts**
أمام	**vorne**
ولا في مكان	**nirgends**
في مكان ما	**irgendwo**
بعيداً، بجانب	**weg**
وراء	**hinter**
تحت	**unten**
في الداخل	**drinnen**
في الخارج	**draußen**
في كل مكان	**überall**
ولا في مكان	**nirgendwo, nirgends**
بعيد	**weit**
قريب	**nahe**
هناك	**dort**
في الطرف الآخر	**dort drüben**

heute	اليوم
bald	قريباً
ab und zu	بين الحين والآخر
gerade	للتو
morgen	غداً
gestern	البارحة
vorgestern	قبل البارحة
übermorgen	بعد غد
jetzt	الآن
dann	بعدئذٍ
vorher	قبلاً
damals	حينذاك
einmal, ehemals	مرة، فيما سبق
früh	مبكراً، باكراً
spät	متأخر
oft	غالباً
niemals, nie	أبداً
immer, je, jemals	دائماً، كل مرة
lang, lange	طويلاً، منذ زمن طويل
sofort	فوراً
manchmal	أحياناً
noch	بعد / ما زال
nicht mehr	لا أكثر
nachher	ومن ثَمّ، بعدئذٍ

6 ظروف الحال

deshalb	لذا، لذلك
fast	بالكاد
genau	تماماً
sehr	جداً
sogar	حتى
überhaupt	مطلقاً
sowieso	على كل حال
gut	جيد
schlecht	سيء
so, somit	هكذا، إذن
ähnlich	شبيه
andererseits	من ناحية أخرى
zusammen	سوياً
viel	كثير
besonders	خاصة
absichtlich	عمداً
ausdrücklich	صراحة، بوضوح
gewöhnlich	عادة

7 ظروف الكمية

viel	كثير
genug	كاف
auf einmal	فجأة
kaum	بالكاد، ليس كثيراً
wenig	قليل
mehr	أكثر
nicht mehr	لا أكثر
weniger	أقل
noch mehr	أكثر

zuviel	كثير جداً
soviel	كثير بشكل

8 ظروف التشديد والتقوية

allerdings	بالتأكيد
also	إذن، لا بأس
doch	بلى، في الواقع
eben	تماماً، بالتأكيد
ja	نعم، طبعاً
mal	ببساطة
nämlich	هذا يعني
nur	فقط
schon	قد، أظن
wohl	من الممكن
zwar	وللتأكيد

• حروف النصب والجر

1 الحروف التي تستلزم حالة ألـــGenitiv

während	أثناء
wegen	بسبب
statt, anstatt	بدل، عوضاً عن
trotz	رغم، بالرغم من

2 الحروف التي تستلزم حالة ألـــ Akkusativ

durch	عبر، عن طريق
für	لـ / لأجل / مقابل
gegen	عكس: ضد / مقابل
ohne	دون
um	حول، في، لقاء

3 الحروف التي تستلزم حالة ألـــ Dativ

aus	من
bei	عند، بالقرب
gegenüber	مقابل، تجاه
mit	مع، بـــ
nach	إلى، بعد
seit	منذ
von	من
zu	إلى

4 الحروف التي تستلزم حالتي ألـــ Dativ و ألـــ Akkusativ

an	إلى، على، عند
auf	على، نحو
hinter	وراء
in	في، ضمن
neben	قرب
über	فوق
unter	تحت
vor	أمام
zwischen	بين

• حروف النصب والجر مندمجة مع أداة التعريف

am	<-----	an dem
ans	<-----	an das
im	<-----	in dem
ins	<-----	in das
beim	<-----	bei dem
vom	<-----	von dem
zum	<-----	zu dem
zur	<-----	zu der
fürs	<-----	für das
aufs	<-----	auf das

• السوابق

إن السوابق الألمانية لها المرونة والمقدرة على تركيب كلمات جديدة مما يزيد في ثروتها اللغوية، وكان يتم ذلك بإضافة كلمة جديدة على الكلمات الأصلية. وهناك طريقة أخرى لتركيب الكلمات ولكن ليس مع كلمات وإنما مع مقاطع، تدعى هذه السوابق Präfixe. ولا يمكن لهذه المقاطع أن تأتي لوحدها. وتكون هذه السوابق مرتبطة بشكل وثيق مع الفعل في جميع صيغه.
إن هذه السوابق تغير معنى الكلمة الأصلية وتغير البعض منها الحالة التي يتطلبها الفعل.
وتنقسم السوابق في الألمانية إلى ثلاث مجموعات:

1 سوابق غير قابلة للإنفصال وتكون هذه السوابق غير مشددة وهذه السوابق لا تأخذ أبداً المقطع -geفي صيغة الماضي التام. وهذه السوابق هي:

be-, emp-, ent-, er-, ge-, hinter-, miß-, ver-, zer-, wider-

مثال: **empfehlen, gefallen, verstehen**

2 السوابق القابلة للإنفصال:

وهي تنفصل عن جذر الفعل في حالات خاصة، والأجزاء التي تنفصل لا تنفصل في الجملة الرئيسية في صيغتي المضارع والماضي فقط. وتكون هذه السوابق دائماً مشددة. وأكثر هذه السوابق استعمالاً هي:

ab, an, auf, aus, bei, ein, fort, frei, los, mit, nach, statt, vor, wahr, weg, zu

مثال: **mitkommen, weggehen, zuschließen**

3 وهناك بعض السوابق المركبة وقابلة للإنفصال، مثل:

hinaus, herauf, hinein, herein, zurück, zusammen

وهي تعبر عن حركة باتجاه الشخص المتكلم. مثال:

إنزل! **Kommen Sie herunter!**

أو قد تدل على حركة بعيدة عن المتكلم. مثال:

أخرج! **Geh hinaus!**

هذا وقد تكون السابقة مهمة بشكل في الجملة حتى أن الفعل يحذف في بعض الأحيان.

مثال:

أدخل!	**Herein!**

4 وهناك بعض السوابق التي تنفصل إن أتت مشددة ولا تنفصل إن أتت غير مشددة. ومن هذه السوابق:

durch, über, um, unter, voll, wieder

مثلة

التلميذ يراجع دروسه.	**Der Schüler wiederholt seine Lektion.**
أعد ذلك!	**Holen Sie das wieder!**
فتشت الشرطة منزله بالكامل	**Die Polizei hat ihm das ganze Haus durchsucht.**

الفعل وصيغه

يعتبر الفعل في اللغة الألمانية عماد الجملة. وليس هناك على الإطلاق جملة بدون فعل، على خلاف العربية. وللفعل وظائف عدة. مثال:

- :يقوم الفعل بوصف عمل — ich schreibe — أكتب
- يقوم الفعل بوصف حدث: — es regnet — إنها تمطر
- :يقوم الفعل بوصف حالة — der Baum wächst — الشجرة تنمو

ونستنتج من هذه الأمثلة أن الفعل يقوم بعمل الخبر، كما في العربية تماماً. ويدعى الفعل في الألمانية خبراً أيضاً das Prädikat . وللفعل صيغ مختلفة يشير بها:

1 إلى الفاعل أي الشخص أو الشيء الذي يسند إليه الفعل، وذلك بواسطة النهاية المعلقة في آخر الفعل عند تصريفه، مفرداً كان أم جمعاً:

*ich komm**e** - du lern**st** - er trink**t***
*wir komm**en** - ihr lern**t** - sie trink**en***

2 إلى الزمن الذي حدث فيه العمل، أو الحدث، او الحالة. ولهذا الزمن ثلاث صيغ:

- **صيغة المضارع**

أتكلم	ich spreche
آكل	ich esse

- **صيغة الماضي**

ولهذه الصيغة ثلاثة أزمنة:

- الماضي التام: **Ich habe meine Arbeit beendet.** لقد أنهيت عملي.
- الماضي البسيط: **Er sprach.** تكلم.
- الماضي التام البعيد: **Er hatte es getan.** كان قد فعل ذلك.

- **صيغة المستقبل**

ولهذه الصيغة زمنان:

- المستقبل العادي: **Er wird morgen ankommen.** سيصل غداً
- المستقبل التام: **Er wird bald seine Arbeit beendet haben** قريباً سيكون قد أنهى عمله.

- **صيغة المضارع** **die Gegenwart**

إن المضارع هو اسم لزمن من الأزمنة الستة للفعل الألماني. هذا وإن هذا الزمن يربط الحدث الذي يعبر عنه مفهوم الفعل، مع اللحظة التي يستعمل المتكلم هذا الفعل.

وينقسم الفعل الألماني حسب بناء صيغته إلى مجموعتين:

1. المجموعة الأولى وتشمل الأفعال النظامية (الضعيفة).
2. المجموعة الثانية وتشمل الأفعال ذات التصريف الشاذ (القوية).

مثال على تصريف فعل نظامي:

صيغ الفعل النظامي
تصريف الأفعال الضعيفة في المضارع

Konjugation der schwachen Verben im Präsens

الفاعل	جذر الفعل	النهاية	الفعل المصرف
ich	sag-	**-e**	sage
du	sag-	**-st**	sagst
er	sag-	**-t**	sagt
wir	sag-	**-en**	sagen
ihr	sag-	**-t**	sagt
sie	sag-	**-en**	sagen

أما إذا انتهى جذر الفعل بحرف d- أو t- أو انتهى بـــ m- أو n- ولم يكن مسبقاً بحرف e- أو r- أضفنا إلى الجذر الحرف e- لتسهيل اللفظ. مثال على ذلك فعل:

widmen, rechnen, bilden, arbeiten، فتصبح النهاية:

الفاعل	جذر الفعل	النهاية	الفعل المصرف
ich	arbeit-	**-e**	arbeite
du	arbeit-	**-est**	arbeitest
er	arbeit-	**-et**	arbeitet
wir	arbeit-	**-en**	arbeiten
ihr	arbeit-	**-et**	arbeitet
sie	arbeit-	**-en**	arbeiten

مثال 'على تصريف بعض الأفعال الشاذة.

تصريف الأفعال القوية في المضارع

Konjugation der starken Verben im Präsens

قائمة للأفعال القوية التي تغير الحرف الصوتي في حذر الفعل:

	fahren	lesen	nehmen
1. Pers. Sing. Pl.	ich fahre wir fahren	ich lese wir lesen	ich nehme wir nehmen
2. Pers. Sing. Pl.	du f*ä*hrst Sie fahren ihr fahrt Sie fahren	du l*ie*st Sie lesen Ihr lest Sie lesen	du n*i*mmst Sie nehmen ihr nehmt Sie nehmen
3. Pers. Sing. Pl.	er es} f*ä*hrt sie sie fahren	er es} l*ie*st sie sie lesen	er es} n*i*mmt sie sie nehmen

	sprechen	laufen	stoßen
1. Pers. Sing. Pl.	ich spreche wir sprechen	ich laufe wir laufen	ich stoße wir stoßen
2. Pers. Sing. Pl.	du spr*i*chst Sie sprechen ihr sprecht Sie sprechen	du l*äu*fst Sie laufen Ihr lauft Sie laufen	du st*ö*ßt Sie stoßen ihr stoßt Sie stoßen
3. Pers. Sing. Pl.	er es} spr*i*cht sie sie sprechen	er es} l*äu*ft sie sie laufen	er es} st*ö*ßt sie sie stoßen

وكما نرى يتم التغيير للحرف الصوتي فقط مع المخاطب المفرد (du)والغائب المفرد

(er, sie, es) . وهناك أربع إمكانيات:

a	→	**ä**
e	→	**ie / i**
au	→	**äu**
o	→	**ö**

لاحظ أن مع الفعل nehmen حدث تغيير إضافي مع بعض الحروف الساكنة. إن ازدواجية الحرف الصوتي في nimmt والحرف تجعل الحرف الصوتي مشدداً. ***h*** في ne***h***men يجعل لحرف الصوتي ممدداً. والحرفان ***ie*** في l***ie***st يشيران أيضاً إلى المد. بينما يكون الحرف ***i*** غالباً قصيراً.

ومن الأفعال الشاذة التصريف في المضارع: فعل الدال على sein، وفعل التملك haben وفعل لكون werden المستقبل.

	haben	**sein**	**werden**
ich	habe	bin	werde
du	hast	bist	wirst
er, sie, es	hat	ist	wird
wir	haben	sind	werden
ihr	habt	seid	werdet
sie	haben	sind	werden

- **الماضي التام** **das Perfekt**

ليس للماضي التام صيغة خاصة به وإنما يتم تشكيلها مع أفعال أخرى مساعدة. ويصاغ المضارع من الفعل المساعد haben الفعل المساعد أوsein مع اسم المفعول Partizip II للفعل الأصلي. وقد يكون الفعل الأصلي هذا فعلاً نظامياً أو قوياً أو شاذاً. ونبين فيما يلي كيفية تشكيل صيغة الماضي التام:

الماضي التام = المضارع من فعل الملك أو فعل الكون + اسم المفعول

Das Perfekt = Präsens von haben / sein + Partizip II

مثال:

هل رأيته؟	**Haben** Sie ihn **gesehen?**
لقد وصلوا.	Sie **sind angekommen.**
لقد كتبت.	Ich **habe geschrieben.**

- **الماضي البسيط** **das Präteritum**

تدل هذه الصيغة على أن عملاً ما قد حدث في الماضي وانتهى في نفس الوقت، دون أن يكون له علاقة بالحاضر. وتستخدم صيغة الماضي البسيط في سرد القصص والأحداث أو التعبير عن عادة.

يصاغ الماضي البسيط من الأفعال الضعيفة بأخذ جذر الفعل وإضافة الحرف **t**، ولكن هذه الصيغة تحتاج إلى تلك النهايات التي يأخذها الفعل المصرف في المضارع، آخذين بعين الاعتبار أن صيغة الغائب المفرد هي نفس صيغة المتكلم المفرد. مثال:

الفاعل	جذر الفعل	النهاية	الفعل المصرف
ich	sag-t	**-e**	sagte
du	sag-t	**-est**	sagtest
er	sag-t	**-e**	sagte
wir	sag-t	**-en**	sagten
ihr	sag-t	**-et**	sagtet
sie	sag-t	**-en**	sagten

	sein	haben	werden
1. Pers. Sing.	ich war	ich hatte	ich wurde
Pl.	wir waren	wir hatten	wir wurden
2. Pers. Sing.	du warst	du hattest	du wurdest
	Sie waren	Sie hatten	Sie wurden
Pl.	ihr wart	Ihr hattet	ihr wurdet
	Sie waren	Sie hatten	Sie wurden
3. Pers. Sing.	er es} war sie	er es} hatte sie	er es} wurde sie
Pl.	sie waren	sie hatten	sie wurden

صيغة الماضي البسيط للأفعال القوية (أي تلك التي يتغير جذر فعلها) تأخذ النهايات التالية:

الفاعل	kommen	gehen	fahren	النهاية
ich	kam	ging	fuhr	--
du	kamst	gingst	fuhrst	-st
er	kam	ging	fuhr	--
wir	kamen	gingen	fuhren	-en
ihr	kamt	gingt	fuhrt	-t
sie	kamen	gingen	fuhren	-en

- **الماضي التام البعيد** **das Plusquamperfekt**

نستدل من هذه الصيغة أن شيئاً ما قد بدأ وانتهى في الماضي. وقلما تأتي هذه الصيغة في الجمل الرئيسية ولكنها تأتي غالباً في جمل ثانوية ومع ظرف الزمان nachdem (بعد أن) أو vorher (قبل ذلك)، للدلالة علة أن شيئاً قد حدث قبل شيء آخر.

- **صيغة الماضي التام البعيد في جملة رئيسية:**

كنت قد كتبت الرسالة.	Ich **hatte** einen Brief **geschrieben.**
كان قد ذهب إلى البيت.	Er **war** nach Hause **gegangen.**

- **صيغة الماضي التام البعيد في جملة ثانوية:**

Er fuhr in die Ferien, nachdem er die Prüfung **bestanden hatte**.

ذهب لقضاء الإجازة بعد أن اجتاز الامتحان.

وصيغة الماضي التام البعيد هي كصيغة الماضي التام أي أنها مؤلفة من جزئين مختلفين لتكون جزء موحد. ونرمز إلى ذلك بالشكل التالي:

الماضي التام البعيد = الماضي من فعل الملك أو فعل الكون + اسم المفعول

Das Plusquamperfekt = Präteritum von haben/sein + Partizip II

- **المستقبل العادي** **Futur I**

توجد في الألمانية صيغة خاصة بالمستقبل كما هي الحال في لغات أخرى، وإنما يعبر هذا الزمن بالفعل المضارع وظرف زمان ما، للدلالة على أن الحدث، أو العمل، أو الحالة ستجري بالتأكيد. مثال:

سأسافرغداً	**Ich reise morgen.**

- **المستقبل التام** **Futur II**

تدل هذه الصيغة على أن العمل قد تم انجازه في المستقبل، لذا نستخدم هنا صيغة الماضي التام، أي الفعل المساعد haben أو الفعل المساعد sein واسم المفعول للفعل الأصلي.

مثال:

In zwei Wochen **wird** er schon in Spanien **gewesen sein**.

بعد أسبوعين يكون قد وصل إلى اسبانيا.

وقد تعبر! هذه الصيغة أحياناً عن الشك في حدوث العمل.

Er **wird** es ihm zweifellos **gesagt haben**.	بدون شك قد يكون قد قال له ذلك.
Er **wird** krank **gewesen sein**.	على الأغلب هو مريض.
Ich **werde mich geirrt haben**.	على الأغلب أكون مخطئاً.

- رأينا أن للزمن في اللغة الألمانية ستة أزمنة مختلفة، منها الأزمنة البسيطة، كالمضارع والماضي البسيط، ومنها الأزمنة المركبة كالماضي التام والماضي التام البعيد والحاضر بنوعيه. ومن أهم الأزمنة المركبة صيغة الماضي التام أو الماضي القريب، إذ أن هذه الصيغة نستخمها في المحادثة عندما نتكلم عن شيء حدث في الماضي.

1 وكما شاهدنا يتم تركيب صيغة الماضي التام من الفعل المساعد haben أو الفعل المساعد sein واسم المفعول.

Er **hat gesprochen.**	لقد تكلم.
Sie **haben gegessen**.	لقد أكلوا.

2 إن غالبية الأفعال المركبة تشكل مع الفعل المساعد haben.

Ich **habe** ein Geschenk **bekommen**	لقد استلمت هدية.
Er **hat** zuviel **getrunken**.	لقد شرب كثيراً.

3 إن أغلب الأفعال اللازمة العادية تشكل صيغة الماضي التام مع الفعل المساعد sein ومن هذه الأفعال:

gehen, ankommen, absteigen, eintreten, einsteigen, sterben, abreisen, bleiben, kommen, fallen, zurückkommen, laufen

أمثلة:

Ich **bin gekommen.**	لقد أتيت.
Er **ist angekommen**.	لقد وصل.
Wir **sind abgereist.**	لقد غادرنا.
Er **ist** durch ganz Europa **gefahren**.	لقد سافر خلال كل أوروبا

هذا وقد يستعمل الفعلfahrenكفعل متعد أيضاً متطلباً مفعولاً به مباشراً، مثال:

Er **hat den Mercedes** nach Hamburg **gefahren.**

لقد ساق السيارة مرسيدس إلى هامبورغ.

- **اسم المفعول** **das Partizip II**

يدل اسم المفعول على عمل منجز أو حالة تم أداؤها، ويستعمل اسم المفعول بالدرجة الأولى في بناء صيغة الماضي التام مع الأفعال المساعدة haben و sein، وكذلك في بناء صيغة الماضي التام البعيد، والمبني للمجهول مع الأفعال werden و sein.

1 يصاغ اسم المفعول من الأفعال النظامية (الضعيفة) وذلك بوضع -ge قبل جذر الفعل وإضافة t- أو et- إلى نهايته، فيصبح:

ge ---------et	ge --------- t
antworten	sagen
ge-antwort-**et**	**ge**-sag-**t**

2 إذا كان الفعل الضعيف قابلاً للإنفصال فإن المقطع -ge يقع بين الفعل وسابقته.

abwarten — **ab-ge-wartet**

3 إن الأفعال غير القابلة للإنفصال، مثل تلك التي تبدأ بـ -be و -er و-ver إلخ ... لا تأخذ المقطع -ge على الإطلاق. مثال:

entdecken	اكتشف	**entdeckt**
bestellen	طلب	**bestellt**
verkaufen	باع	**verkauft**

4 وهناك مجموعة أخرى من الأفعال لا تأخذ المقطع -ge أيضاً لأنها ليست من أصل ألماني، وخصوصاً تلك التي تنتهي بـ -ieren: . مثال

studieren	درس	**studiert**

- **صياغة اسم المفعول من الأفعال القوية:**

1 يصاغ اسم المفعول من الأفعال القوية وذلك بوضع -ge قبل جذر الفعل، كما في ا لنظامية (وبما أن هذا الجذر يتغير غالباً، لذا وجب حفظه بشكل جيد) وبإضافة -en إلى نهايته فيصبح:

ge --------- **en**

lesen	قرأ	**ge**-les-**en**

schreiben	كتب	**ge**-schrieb-**en**
werfen	قذف	**ge**-worf-**en**

2 يإذا كان الفعل القوي قابلاً للإنفصال فإن المقطع -ge يقع بين جذر الفعل وسابقته. مثال:

anrufen	تلفن	an-**ge**-ruf-**en**
einladen	دعا	ein-**ge**-lad-**en**

3 أما الأفعال القوية التي لا تقبل الإنفصال لا تأخذ المقطع -ge إطلاقاً. . مثال:

entstehen	نشأ	entstand-**en**
vergessen	نسي	vergess-**en**
beziehen	جلب	bezog-**en**

- **استعمال الأفعال المساعدة sein, haben**

لاحظنا أن غالبية الأفعال تشكل صيغة الماضي التام والماضي التام البعيد مع الفعل المساعد haben. مثال:

Ich habe gesehen.	لقد شاهدت.
Du hast gesehen.	لقد شاهدت أنت.
Ich habe mich gewaschen.	لقد اغتسلت.

وبشكل خاص الأفعال المتعدية والمنعكسة.

وعلى كل فإن عدداً صغيراً من الأفعال، غالباً أفعال لازمة، تشكل تلك الصيغ مع الفعل المساعد sein. ومن هذه الأفعال:

1 الأفعال:sein, werden, bleiben

2 الأفعال التي تدل على تبديل المكان (وخصوصاً أفعال الحركة)، ومنها:

gehen, kommen, eilen, fallen, fliessen, laufen, reisen,
rollen, steigen, sinken, aufstehen, fliegen, begegnen, etc.

3 الأفعال التي تدل على تغيير الحالة سواء للأشخاص أو الأشياء، ومنها:

aufwachen, einschlafen, wachsen, aufbleiben, verblühen, vergehen, verschwinden, sterben, erhalten, platzen, erkranken

- **صيغة الاحتمال**

1 صيغة الاحتمال للمضارع:

* الأفعال المساعدة haben, sein, werden

haben	sein	werden
ich habe (hätte)	ich sei	ich werde (würde)
du habest	du seiest	du werdest
er, sie, es habe	er,sie, es sei	er, sie, es werde
wir haben (hätten)	wir seien	wir werden (würden)
ihr habet	ihr seiet	ihr werdet
Sie, sie haben (hätten)	Sie, sie seien	Sie, sie werden (würden)

* **استعمال صيغة الاحتمال للمضارع**

تستعمل هذه الصيغة بشكل خاص مع الكلام غير المباشر، أي إعادة سرد ما قاله شخص شخص آخر أو المتكلم ذاته.

إن حالة الاحتمال للمضارع تأخذ دائماً الحرف e- إلا مع بعض الأشخاص. إليك مقارنة بينهما:

ملاحظة:

إن صيغة الماضي البسيط للأفعال الضعيفة هي مشابهة لحالتي الفعل المضارع المرفوع ولصيغة الاحتمال. وعندما يحدث ذلك نبدل تلك الصيغة بـــــwürde. ويتم التبديل مع الزمن الحاضر الشرطي. مثال:

* مع الكلام المباشر:

قال بأنه لن يتعلم ذلك. **Er sagte, dass er es nicht lernen würde.**

* مع الحملة الشرطية الافتراضية:

Wenn er mit mir ins Kino ginge, dann würde ich mich freuen

سيسرني لو ذهب معي إلى السينما.

* إن نهايات الأفعال الضعيفة والقوية هي:

e, est, e, en, et, en.

عندما تكون صيغة الاحتمال للمضارع مشابهة لصيغة المضارع المرفوع، فإننا نشكل صيغة الاحتمال هذه في الماضي، بالشكل التالي:

Er sagte, dass ich ihn nicht begrüßt hätte.

وذلك بدل: (begrüßt habe)

نساعده حتى يتعافى. **Wir helfen ihm, damit er gesund werde.**

2 صيغة الاحتمال في الماضي:

إن الفعل في حالة الرفع يدل على أن ما يحدث هو الواقع والتطبيق، إذ أنه يعطي الخبر صفة موضوعية ويبقى المتكلم محايداً لا يبدي رأيه. مثال:

إنه يذهب إلى البيت. Er **geht** nach Hause.

تعلمت الألمانية. Ich **lernte** Deutsch.

هذه الأمثلة تدل على أن ما يحدث حقيقي وواقعي، لكن هناك أسلوب آخر للتعبير عن الأشياء إن كانت هذه غير واقعية، أي لا يقين هناك بحدوثها. هذه هي حالة الريب والإستحالة، فالخبر يكسب هذا صفة شخصية إذ أن رأي المتكلم يظهر بشكل أمنية أو افتراض أو شك. مثال:

لو كان معه نقود لذهب إلى السينما Wenn er Geld **hätte, ginge** er ins Kino.

إن هذه الجملة تعبر عن أمنية أو شرط لا يمكن تحقيقه الآن. ويدعى هذا الزمن (صيغة الاحتمال في الماضي) لأنه يشتق من الزمن الماضي. هل هناك فرق بين صيغة في الماضي والماضي البسيط؟

* بالنسبة للأفعال الضعيفة لا فرق هناك.

* أما بالنسبة للأفعال القوية فالفرق يكمن:

أ في بعض النهايات.

ب في جذر الفعل: الحروف الصوتية au, u, o, aتعدل فتصبح **äu, ü, ö, ä**
ونضيف كذلك على نهاية الفعل الحرف **-e** . مثال:

لو فعلت ich **täte** فعلت ich tat

* **صيغة الاحتمال في الماضي للأفعال المساعدة:**

haben	**sein**	**werden**
ich hätte	ich wäre	ich würde
du hättest	du wärest	du würdest
er, sie, es hätte	er,sie, es wäre	er, sie, es würde
wir hätten	wir wären	wir würden
ihr hättet	ihr wäret	ihr würdet
Sie, sie hätten	Sie, sie wären	Sie, sie würden

* **استعمال صيغة الاحتمال في الماضي:**

1 بعد بعض المصطلحات والتعابير مثل:

als ob	كما لو ...
es sein denn, dass	إن لم ، إلا إذا
Er glaubte, dass er käme.	أعتقد أنه سيأتي.

2 مع الجملة الشرطية والتي تبدأ بالأداة wenn (إذا) وتصبح هذه الجملة ثانوية حيث الفعل يحتل المرتبة الأخيرة، تليها جملة جواب الشرط. مثال:

Wenn er morgen käme, dann würde ich mit ihm in die Stadt fahren.

إن أتى غداً أذهب معه إلى المدينة.

في الجملة السابقة بدأنا الجملة الثانوية وتلتها الجملة الرئيسية، ولكن بامكاننا أن نعبر عن تلك الجملة بالشكل التالي:

a Ich würde mit ihm in die Stadt fahren, wenn er morgen käme.

b Ich führe mit ihm in die Stadt, wenn er käme.

c Ich würde mit ihm in die Stadt fahren, wenn er kommen würde.

Wenn wir Geld hätten, würden wir eine lange Reise machen.

لو كنا نملك نقوداً لقمنا برحلة طويلة.

3 للتعبير عن رغبة أو أمنية:

Mögen Sie glücklich sein! — إن شاء الله يكون سعيداً.

Wärest du doch hier! — لو كنت هنا!

4 وتستخدم صيغة الاحتمال في الماضي عندما يكون الشرط الافتراضي في الماضي ولا يمكن تحقيقه. وتشكل هذه الصيغة بأخذ الاحتمال في الماضي للفعلين المساعدين haben و sein مع اسم المفعول للفعل الأصلي. مثال:

Wenn ich die Bahn genommen hätte, (dann) hätte ich ihn rechtzeitig getroffen.
لو أنني أخذت القطار لكنت قابلته في الوقت المناسب.

Wenn ich Zeit gehabt hätte, wäre ich mit dir zum Strand gekommen.
لو كان لدي وقت لكنت ذهبت معك إلى الشاطئ.

المبني للمجهول — Das Passiv

تستخدم صيغة المبني للمجهول في الألمانية تماماً كما في العربية وذلك دون ذكر الفاعل نظراً لقلة أهميته، أو لعدم معرفته، أو لأسباب أخرى.
إن الفاعل في جملة المبني للمعلوم هو صاحب الأهمية في الدرجة الأولى وما يقوم به هذا من عمل يأتي في الدرجة الثانية. مثال:

Der Lehrer erklärt den Satz. — شرح المعلم الجملة.

بينما نرى في جملة المبني للمجهول أن العمل الذي قام به الفاعل (الشخص في جملة المبني للمعلوم) يحتل الصدارة والفاعل بحد ذاته لا أهمية له البتة، وغالباً ما يحذف. مثال:

Der Satz wird erklärt. — تشرح الجملة.

ويمكن توضيح طريقة جملة المبني للمعلوم إلى مبني للمجهول بالشكل التالي:

يتم تشكيل صيغة المبني للمجهول مع الفعل المساعد werden الذي يعرف حسب زمن الفعل الوارد في جملة المبني للمعلوم (مضارع، ماض، ماض تام، إلخ ...) وحسب فاعله الجديد (مفرد، جمع)، واسم المفعول للفعل الأصلي. وعليه نجد الحالات التالية:

1 المضارع المبني للمجهول

تضاء الأرض بالشمس. **Die Erde *wird* von der Sonne *beleuchtet*.**

نجد أن الفاعل في جملة المبني للمعلوم يأتي بشكل جرا ومجرور (von + Dativ).

2 الماضي البسيط المبني للمجهول

اكتشفت أميركا من قبل كولومبوس. **Amerika *wurde*** von Kolumbus ***entdeckt*.**

3 الماضي التام المبني للمجهول

كتب الكتاب من قبله. **Das Buch *ist*** von ihm ***geschrieben worden*.**

إن اسم المفعول للفعل المساعد werden يصبح wordenأي بحذف المقطع -geحتى لا يتكرر مرتين.

4 الماضي التام البعيد المبني للمجهول

لقد شوهد من قبلها. **Er *war*** von ihr ***gesehen worden*..**

فعل الأمر Der Imperativ

يتم تشكيل صيغة الأمر للأفعال من المضارع المرفوع.

* صيغة الأمر مع du، المخاطب المفرد ، وتبنى صيغة الأمر هذه بحذف النهاية n من المصدر، وهي صيغة الأسلوب المنمق.

وهناك طريقة أخرى تتم بحذف الضمير du ونهاية الفعل المصرف st-. مثال:

تعلم!	**Lerne!**	
تعلم!	**Lern!**	du lernst:

إن صيغة الأمر للأفعال القوية التي تحول حرفها الصوتي **e** إلى **i** أو **ie** تتم بحذف النهاية **st**-. مثال:

خذ!	**Nimm!**	du nimmst:

* الأمر مع حالة ألـــihr، المخاطب االجمع: تشكل بحذف الضمير الشخصي من المضارع المرفوع. مثال:

إعطوا!	**Gebt!**	ihr gebt:

* الأمر مع حالة ألـــSie (مفرد أوجمع): يأتي الفعل في أول الجملة، والضمير Sie يليه مباشرة:

خذ!	**Nehmen Sie!**
إعط!	**Geben Sie!**

* الأمر مع حالة ألـــwirالأمر مع (مفرد أوجمع): هذه الصيغة مشابهة تماماً لصيغة Sie، يأتي الفعل في الول والضمير wirيليه مباشرة. مثال:

wir singen: **Singen wir!** لنغني!

وللتعبير عن صيغة الأمر أيضاً يمكن استعمال الفعل lassen (دع):

Lassen Sie das sein! دع ذلك!

- **صيغة الأمر للفعلين المساعدين** **haben و sein**

sein	كان	haben	ملك
sei!	كن!	**habe!**	إملك!
seid!	كونوا!	**habt!**	إملكوا!
seien wir!	لنكن!	**haben wir!**	لنملك!

المصدر **Der Infinitiv**

إن للمصدر في الألمانية وظائف تشبه وظائف اسم المفعول واسم الفاعل، والنصدر لا يغير صيغته أبداً ولكنه يأتي غالباً مع أفعال أخرى هي التي يطرأ عليها التبدلات الضرورية والمميزة. والمصدر في الألمانية نوعان:

* **المصدر بدون zu**
* **المصدر مع zu**

* لا يستعمل zuمع المصدر إلا إذا أتى بعد هذه الأفعال:

werden, können, dürfen, wollen, mögen, müssen, sollen, lassen, machen, hören, sehen, heißen, helfen, lehren, lernen

مثال:

Ich **werde arbeiten.**

Ich **will arbeiten.**

Ich **gehe arbeiten.**

* **المصدر مع zu (الجمل المصدرية):**

هناك عدد كبير من الأفعال الهامة يتطلب تكوينها مصدراً مع zu ، فإن لم يرد المصدر مع zuعتبرت الجملة نحوياً ومن حيث المحتوى جملة غير تامة. والمصادر مع zu تدعى أيضاً جملاً مصدرية، هي من متممات الجملة. مثال:

يرجوه أن يكتب رسالة.	**Er bittet ihn, den Brief zu schreiben.**
أساعده في غسيل السيارة.	**Ich helfe ihm den Wagen waschen.**
يعلمنا السباحة.	**Er lehrt uns schwimmen.**

ويستعمل المصدر أيضاً مع بعض حروف الجر المرتبطة zu:

بدل أن **anstatt ... zu** دون أن **ohne ... zu** حتى **um ... zu**

نذهب إلى المدرسة حتى نتعلم. Wir gehen zur Schule, **um zu lernen.**

Ich kann nicht essen, **ohne** etwas **zu trinken.**

لا أستطيع أن آكل دون أن أشرب شيئاً.

إنه يتكاسل بدل أن يساعدنا. Er faulenzt, **anstatt** uns **zu helfen.**

أما الأفعال القابلة للإنفصال فإنها تأخذ الحرف zuبين السابقة والمصدر. مثال:

aufmachen

Er bittet ihn, die Tür **aufzumachen.** يطلب منه أن يفتح الباب.

متممات الفعل

قد يأتي بعد الفعل:

* **حرف جر:** ويأتي المتمم حسب الحالة التي يتطلبها الحرف فقد تكون حالة

ألـــــ Akkusativ أو حالةألــــDativ : مثلاً bedecken mit (ـغطىبـــــ Dativ)

الطاولة مغطاة بالغبار. **Der Tisch ist mit Staub bedeckt.**

* **مفعول بدون أداة:** وقد يكون هذا المفعول مضافاً إليه أز مجروراً أو منصوباً، ذلك يعتمد على الفعل. **مثال:**

إنه متهم بالقتل. **Er ist des Mordes beschuldigt.** (Genitiv)

لا يصدقونني. **Sie glauben mir nicht.** (Dativ)

نحن نحبه. **Wir lieben ihn.** (Akkusativ)

* **التغيرات التي تطرأ على التسلسل الطبيعي للكلمات في الجملة.**

1 **تبديل في الموضع:** وهو وضع الفعل في نهاية الجملة. في جملة تابعة (حسب التسمية الألمانية) وهي جملة تبدأ باسم موصول أوبأداة ينتقل فيها الفعل إلى نهاية وتدعى هذه الجملة أيضاً بالجملة الثانوية.

Die Sprache, die wir lernen, ist Deutsch.

اللغة التي نتعلمها هي الألمانية.

Ich kann nicht sehen, weil es dunkel ist.

لا أستطيع أن أرى لأنه معتم.

Ich glaube, dass das Essen in diesem Restaurant gut ist.

أظن أن الطعام في هذا المطعم جيد.

لاحظ وجود الفاصلة قبل اسم الموصول أو أداة الربط. إذا طان الفعل عبارة عن فعل مركب أتى الفعل المساعد (أي الفعل المصرف) في آخر الجملة. مثال:

لا أظن أنها ستمطر غداً **Ich glaube nicht, dass es morgen regnen wird.**

والحال هي كذلك مع أيسماء الاستفهام في السؤال غير المباشر، حيث أن الجملة التي تبدأ بهذه الأسماء مثل: wer, was, welche أو بالظروف wann, wo، إلخ ...أو بالأداة ob أتى الفعل في آخر الجملة. مثال:

Können Sie mir sagen, wie weit es von hier bis zum Bahnhof ist?

هل بامكانك أن تقول لي كم تبعد محطة القطار من هنا؟

لا ندري إن كان سيأتي غداً **Wir wissen nicht, ob er morgen kommt.**

2 **التقديم أو التأخير:** عند تقديم الفعل على الفاعل. إن هذا التقديم ضروري:

أ مع صيغة الاستفهام

إنه يكتب الرسالة. (مضارع مرفوع) **Er schreibt den Brief.**

أيكتب الرسالة؟ (استفهام) **Schreibt er den Brief?**

ب مع أية جملة رئيسية إذا سبقتها جملة ثانوية.

Wenn wir die Augen schließen, können wir nicht sehen.

إذا أغمضنا عيوننا لا نستطيع أن نرى.

إن التقديم في الجملة المذكورة هو وجود الجملة الثانوية قبل الرئيسية.

جـ إذا بدأت الجملة الثانوية بكلمة غير الفاعل.

Morgen werden die Kinder ins Kino gehen.

غداً سيذهب الأولاد إلى السينما.

أما إذا بدأت هذه الجملة بالفاعل فلا تقديم هناك:

Die Kinder werden morgen ins Kino gehen.

الأولاد سيذهبون غداً إلى السينما.

الكلام المنقول

إن الكلام المنقول أو الكلام غير المباشر يعني إعادة سرد ما قاله شخص آخر، أو المتكلم ذاته. ونستخدم مع هذه الصيغة في اللغة الألمانية صيغة الاحتمال للمضارع.

مثال:

Hans sagt: „Ich gehe zum Bahnhof."

هانس يقول: "أنا أذهب إلى المحطة". (كلام مباشر)

Hans sagt, dass er zum Bahnhof gehe.

هانس يقول أنه سيذهب إلى المحطة. (كلام منقول)

وفي صيغة الماضي:

Hans sagte, dass er zum Bahnhof ginge.

قال هانس أنه كان ذاهباً إلى المحطة.

ملاحظة:

1 يجب استخدام صيغة الاحتمال (مع أن الألمان يستخدمون الصيغة الخبرية للفعل، أي المضارع المرفوع في العربية).

2 يمكن استعمال أو حذف الأداة "dass".

إذا استخدمت أتى الفعل في نهاية الجملة كما قلنا عند حالة التقديم العادية. مثال:

يقول أنه سيذهب إلى المحطة. **Er sagt, dass er zum Bahnhof gehe.**

3 أما إذا حذفت فترتيب الكلمات لا يتغير. مثال:

هانس يقول أنه سيذهب إلى المحطة. **Hans sagt, er gehe zum Bahnhof.**

هانس قال أنه ذهب إلى المحطة. **Hans sagte, er ginge zum Bahnhof.**

إن زمن الفعل في الكلام المنقول لا يؤثر على زمن الفعل المصرف في الكلام المباشر. مثال:

(العمل في الحاضر) Er berichtet, **er nehme (nähme)** den Bus.

(العمل في الماضي) Er berichtet, **er habe (hätte)** den Bus **genommen.**

(العمل في الماضي مع فعل متعد) Er erzählt uns, **er sei (wäre) eine Meile gelaufen**.

(العمل في المستقبل) Er berichtet, **er werde (würde)** den Bus **nehmen**.

تستعمل حالة الاحتمال للمضارع في الكلام المنقول عادة مع الأفعال التالية:

behaupten	ادعى	berichten	اطلع، لبلّغ	erklären	أوضح
meinen	عنى	sagen	قال	schreiben	كتب
				glauben	اعتقد

4 لاحظ في الأمثلة أن هناك فاصلة قبل الجملة الثانية.

1 الجملة الرئيسية أو الجملة العادية:

أ جملة خبرية:

الكتاب أحمر **Das Buch ist rot.**

ب جملة استفهامية:

هل الكتاب أحمر؟ **Ist das Buch rot?**

جـ جملة منفية:

ليس الكتاب أحمر. **Das Buch ist nicht rot.**

د جملة في صيغة الماضي:

لقد تعلمت قصيدة. **Ich habe ein Gedicht gelernt.**
تعلمت قصيدة. **Ich lernte ein Gedicht.**
كنت قد تعلمت قصيدة. **Ich hatte ein Gedicht gelernt.**

2 الجملة التابعة:

أ تبديل الموضع:

Ich sehe, dass das Buch rot ist.

أرى أن الكتاب أحمر.

Ich kenne den Schüler, der das Gedicht liest.

أعرف التلميذ الذي يقرأ القصيدة.

ب التقديم أو التأخير:

Wenn das Wetter schön ist, gehe ich gern spazieren.

عندما يكون الطقس جيداً أخرج للتنزه.

الجملة الثانية فيها ترتيب عكسي للكلمة.

جـ الكلام المنقول:

Sie antwortet ihm, dass sie eine Schülerin *sei / ist*.

Sie antwortet ihm, sie *sei / ist* eine Schülerin.

أجابته بأنها تلميذة.

Die meistgebrauchten unregelmäßigen Verben

الأفعال الشاذة الأكثر شيوعاً

sein	فعل الكون
INFINITIV	المصدر
حاضر	ماض
sein	gewesen sein
PARTIZIPIEN	مفاعيل
اسم الفاعل	اسم مفعول
seiend	gewesen
INDIKATIV	الصيغة الخبرية

حاضر	ماض تام
ich bin	bin gewesen
du bist	bist gewesen
er, sie, es ist	ist gewesen
wir sind	sind gewesen
ihr seid	seid gewesen
sie (Sie) sind	sind gewesen

ماض بسيط	ماض تام بعيد
ich war	war gewesen
du warst	warst gewesen
er, sie, es war	war gewesen
wir waren	waren gewesen
ihr wart	wart gewesen
sie (Sie) waren	waren gewesen

مستقبل بسيط	مستقبل تام
ich werde sein	werde gewesen sein
du wirst sein	wirst gewesen sein
er, sie, es wird sein	wird gewesen sein
wir werden sein	werden gewesen sein
ihr werdet sein	werdet gewesen sein
sie (Sie) werden sein	werden gewesen sein

IMPERATIV الأمر

Sei!

Seien wir!

Seid!

Seien Sie!

KONJUNKTIV صيغة الاحتمال

حاضر	ماض تام
ich sei	sei gewesen
du seiest	seiest gewesen
er, sie, es sei	sei gewesen
wir seien	seien gewesen
ihr seiet	seiet gewesen
sie (Sie) seien	seien gewesen

ماض	ماض تام
ich wäre	wäre gewesen
du wärest	wärest gewesen
er, sie, es wäre	wäre gewesen
wir wären	wären gewesen
ihr wäret	wäret gewesen
sie (Sie) wären	wären gewesen

haben	فعل الملكية
INFINITIV	المصدر
حاضر	ماض
haben	gehabt haben
PARTIZIPIEN	مفاعيل
اسم الفاعل	اسم مفعول
habend	gehabt
INDIKATIV	الصيغة الخبرية

حاضر	ماض تام
ich habe	habe gehabt
du hast	hast gehabt
er, sie, es hat	hat gehabt
wir haben	haben gehabt
ihr habt	habt gehabt
sie (Sie) haben	haben gehabt

ماض بسيط	ماض تام بعيد
ich hatte	hatte gehabt
du hattest	hattest gehabt
er, sie, es hatte	hatte gehabt
wir hatten	hatten gehabt
ihr hattet	hattet gehabt
sie (Sie) hatten	hatten gehabt

مستقبل بسيط	مستقبل تام
ich werde haben	werde gehabt haben
du wirst haben	wirst gehabt haben
er, sie, es wird haben	wird gehabt haben
wir werden haben	werden gehabt haben
ihr werdet haben	werdet gehabt haben
sie (Sie) werden haben	werden gehabt haben

IMPERATIV **الأمر**

Habe!

Haben wir!

Habt!

Haben Sie!

KONJUNKTIV **صيغة الاحتمال**

حاضر

ich habe

du habest

er, sie, es habe

wir haben

ihr habet

sie (Sie) haben

ماض تام

ich habe (hätte) gehabt

du habest gehabt

er, sie, es habe gehabt

wir haben gehabt

ihr habet gehabt

sie (Sie) haben gehabt

ماض

ich hätte

du hättest

er, sie, es hätte

wir hätten

ihr hättet

sie (Sie) hätten

ماض تام

ich hätte gehabt

du hättest gehabt

er, sie, es hätte gehabt

wir hätten gehabt

ihr hättet gehabt

sie (Sie) hätten gehabt

werden	أصبح
INFINITIV	المصدر
حاضر	ماض
werden	geworden sein
PARTIZIPIEN	مفاعيل
اسم الفاعل	اسم مفعول
werdend	geworden
INDIKATIV	الصيغة الخبرية

حاضر	ماض تام
ich werde	bin geworden
du wirst	bist geworden
er, sie, es wird	ist geworden
wir werden	sind geworden
ihr werdet	seid geworden
sie (Sie) werden	sind geworden

ماض بسيط	ماض تام بعيد
ich wurde	war geworden
du wurdest	warst geworden
er, sie, es wurde	war geworden
wir wurden	waren geworden
ihr wurdet	wart geworden
sie (Sie) wurden	waren geworden

مستقبل بسيط	مستقبل تام
ich werde werden	werde geworden sein
du wirst werden	wirst geworden sein
er, sie, es wird werden	wird geworden sein
wir werden werden	werden geworden sein
ihr werdet werden	werdet geworden sein
sie (Sie) werden werden	werden geworden sein

IMPERATIV **الأمر**

Werde!

Werden wir!

Werdet!

Werden Sie!

KONJUNKTIV **صيغة الاحتمال**

حاضر	ماض
ich werde (würde)	ich würde
du werdest	du würdest
er, sie, es werde	er, sie, es würde
wir werde (würden)	wir würden
ihr werdet	ihr würdet
sie (Sie) werden (würden)	sie (Sie) würden

können	قدر / استطاع
INFINITIV	المصدر
حاضر	ماض
können	gekonnt haben
PARTIZIPIEN	مفاعيل
اسم الفاعل	اسم مفعول
könnend	gekonnt
INDIKATIV	الصيغة الخبرية

حاضر	ماض تام
ich kann	habe gekonnt
du kannst	hast gekonnt
er, sie, es kann	hat gekonnt
wir können	haben gekonnt
ihr könnt	habt gekonnt
sie (Sie) können	haben gekonnt

ماض بسيط	ماض تام بعيد
ich konnte	hatte gekonnt
du konntest	hattest gekonnt
er, sie, es konnte	hatte gekonnt
wir konnten	hatten gekonnt
ihr konntet	hattet gekonnt
sie (Sie) konnten	hatten gekonnt

مستقبل بسيط	مستقبل تام
ich werde können	werde gekonnt haben
du wirst können	wirst gekonnt haben
er, sie, es wird können	wird gekonnt haben
wir werden können	werden gekonnt haben
ihr werdet können	werdet gekonnt haben
sie (Sie) werden können	werden gekonnt haben

KONJUNKTIV **صيغة الاحتمال**

حاضر

ich könne

du könnest

er, sie, es könne

wir können (könnten)

ihr könnet

sie (Sie) können (könnten)

ماض تام

ich habe (hätte) gekonnt

du habest gekonnt

er, sie, es habe gekonnt

wir haben (hätten) gekonnt

ihr habet gekonnt

sie (Sie) haben (hätten)gekonnt

ماض

ich könnte

du könntest

er, sie, es könnte

wir könnten

ihr könntet

sie (Sie) könnten

ماض تام بعيد

ich hätte gekonnt

du hättest gekonnt

er, sie, es hätte gekonnt

wir hätten gekonnt

ihr hättet gekonnt

sie (Sie) hätten gekonnt

dürfen	سمح
INFINITIV	المصدر
حاضر	ماض
dürfen	gedurft haben
PARTIZIPIEN	مفاعيل
اسم الفاعل	اسم مفعول
——	gedurft
INDIKATIV	الصيغة الخبرية

حاضر	ماض تام
ich darf	habe gedurft
du darfst	hast gedurft
er, sie, es darf	hat gedurft
wir dürfen	haben gedurft
ihr dürft	habt gedurft
sie (Sie) dürfen	haben gedurft

ماض بسيط	ماض تام بعيد
ich durfte	hatte gedurft
du durftest	hattest gedurft
er, sie, es durfte	hatte gedurft
wir durften	hatten gedurft
ihr durftet	hattet gedurft
sie (Sie) durften	hatten gedurft

مستقبل بسيط	مستقبل تام
ich werde dürfen	werde gedurft haben
du wirst dürfen	wirst gedurft haben
er, sie, es wird dürfen	wird gedurft haben
wir werden dürfen	werden gedurft haben
ihr werdet dürfen	werdet gedurft haben
sie (Sie) werden dürfen	werden gedurft haben

KONJUNKTIV | **صيغة الاحتمال**

حاضر

ich dürfte

du dürfest

er, sie, es dürfe

wir dürfen (dürften)

Ihr dürfet

sie (Sie) dürfen (dürften)

ماض تام

ich habe (hätte) gedurft

du habest gedurft

er, sie, es habe gedurft

wir haben (hätten) gedurft

ihr habet gedurft

sie (Sie) haben (hätten) gedurft

ماض

ich dürfte

du dürftest

er, sie, es dürfte

wir dürften

ihr dürftet

sie (Sie) dürften

ماض تام بعيد

ich hätte gedurft

du hättest gedurft

er, sie, es hätte gedurft

wir hätten gedurft

ihr hättet gedurft

sie (Sie) hätten gedurft

müssen	سمح
INFINITIV	المصدر
حاضر	ماض
müssen	gemusst haben
PARTIZIPIEN	مفاعيل
اسم الفاعل	اسم مفعول
müssend	gemusst
INDIKATIV	الصيغة الخبرية

حاضر	ماض تام
ich muss	habe gemusst
du musst	hast gemusst
er, sie, es muss	hat gemusst
wir müssen	haben gemusst
ihr müsst	habt gemusst
sie (Sie) müssen	haben gemusst

ماض بسيط	ماض تام بعيد
ich musste	hatte gemusst
du musstest	hattest gemusst
er, sie, es musste	hatte gemusst
wir mussten	hatten gemusst
ihr musstet	hattet gemusst
sie (Sie) mussten	hatten gemusst

مستقبل بسيط	مستقبل تام
ich werde müssen	werde gemusst haben
du wirst müssen	wirst gemusst haben
er, sie, es wird müssen	wird gemusst haben
wir werden müssen	werden gemusst haben
ihr werdet müssen	werdet gemusst haben
sie (Sie) werden müssen	werden gemusst aben

KONJUNKTIV **صيغة الاحتمال**

حاضر

ich müsse

du müssest

er, sie, es müsse

wir müssen (müssten)

Ihr müsset

sie (Sie) müssen (müssten)

ماض تام

ich habe (hätte) gemusst

du habest gemusst

er, sie, es habe gemusst

wir haben (hätten) gemusst

ihr habet gemusst

sie (Sie) haben (hätten) gemusst

ماض

ich müsste

du müsstest

er, sie, es müsste

wir müssten

ihr müsstet

sie (Sie) müssten

ماض تام بعيد

ich hätte gemusst

du hättest gemuss

er, sie, es hätte gemusst

wir hätten gemusst

ihr hättet gemusst

sie (Sie) hätten gemusst

wissen	**عرف / علم**
INFINITIV	**المصدر**
حاضر	**ماض**
wissen	**gewusst haben**
PARTIZIPIEN	**مفاعيل**
اسم الفاعل	**اسم مفعول**
wissend	**gewusst**
INDIKATIV	**الصيغة الخبرية**

حاضر	**ماض تام**
Ich weiß	habe gewusst
du weißt	hast gewusst
er, sie, es weiß	hat gewusst
wir wissen	haben gewusst
ihr wisst	habt gewusst
sie (Sie) wissen	haben gewusst

ماض بسيط	**ماض تام بعيد**
ich wusste	hatte gewusst
du wusstest	hattest gewusst
er, sie, es wusste	hatte gewusst
wir wussten	hatten gewusst
ihr wusstet	hattet gewusst
sie (Sie) wussten	hatten gewusst

مستقبل بسيط	**مستقبل تام**
ich werde wissen	werde gewusst haben
du wirst wissen	wirst gewusst haben
er, sie, es wird wissen	wird gewusst haben
wir werden wissen	werden gewusst haben
ihr werdet wissen	werdet gewusst haben
sie (Sie) werden wissen	werden gewusst haben

IMPERATIV **الأمر**

Wisse!

Wissen wir!

Wisst!

Wissen Sie!

KONJUNKTIV **صيغة الاحتمال**

حاضر	**ماض تام**
ich wisse	habe (hätte) gewusst
du wissest	habest gewusst
er, sie, es wisse	hat habe gewusst
wir wissen (wüssten)	haben (hätten) gewusst
ihr wisset	habet gewusst
sie (Sie) wissen (wüssten)	haben (hätten) gewusst

ماض	**ماض تام**
ich wüsste	hätte gewusst
du wüsstest	hättest gewusst
er, sie, es wüsste	hätte gewusst
wir wüssten	hätten gewusst
ihr wüsstet	hättet gewusst
sie (Sie) wüssten	hätten gewusst

gehen	**ذهب**
INFINITIV	**المصدر**
حاضر	**ماض**
gehen	**gegangen sein**
PARTIZIPIEN	**مفاعيل**
اسم الفاعل	**اسم مفعول**
gehend	**gegangen**
INDIKATIV	**الصيغة الخبرية**

حاضر	**ماض تام**
ich gehe	bin gegangen
du gehst	bist gegangen
er, sie, es geht	ist gegangen
wir gehen	sind gegangen
ihr geht	seid gegangen
sie (Sie) gehen	sind gegangen

ماض بسيط	**ماض تام بعيد**
ich ging	war gegangen
du gingst	warst gegangen
er, sie, es ging	war gegangen
wir gingen	waren gegangen
ihr gingt	wart gegangen
sie (Sie) gingen	waren gegangen

مستقبل بسيط	**مستقبل تام**
ich werde gehen	werde gegangen sein
du wirst gehen	wirst gegangen sein
er, sie, es wird gehen	wird gegangen sein
wir werden gehen	werden gegangen sein
ihr werdet gehen	werdet gegangen sein
sie (Sie) werden gehen	werden gegangen sein

IMPERATIV **الأمر**

Gehe!

Gehen wir!

Geht!

Gehen Sie!

KONJUNKTIV **صيغة الاحتمال**

حاضر	**ماض تام**
Ich (gehe) ginge	sei gegangen
du gehest	seiest gegangen
er, sie, es gehe	sei gegangen
Wir (gehen) gingen	seien gegangen
ihr gehet	seiet gegangen
sie (Sie) (gehen) gingen	seien gegangen

ماض	**ماض تام**
ich ginge	wäre gegangen
du gingest	wärest gegangen
er, sie, es ginge	wäre gegangen
wir gingen	wären gegangen
ihr ginget	wäret gegangen
sie (Sie) gingen	wären gegangen

kommen	**أتـى**
INFINITIV	**المصدر**
حاضر	**ماض**
kommen	**gekommen sein**
PARTIZIPIEN	**مفاعيل**
اسم الفاعل	**اسم مفعول**
kommend	**gekommen**
INDIKATIV	**الصيغة الخبرية**

حاضر	**ماض تام**
ich komme	bin gekommen
du kommst	bist gekommen
er, sie, es kommt	ist gekommen
wir kommen	sind gekommen
ihr kommt	seid gekommen
sie (Sie) kommen	sind gekommen

ماض بسيط	**ماض تام بعيد**
ich kam	war gekommen
du kamst	warst gekommen
er, sie, es kam	war gekommen
wir kamen	waren gekommen
ihr kamt	wart gekommen
sie (Sie) kamen	waren gekommen

مستقبل بسيط	**مستقبل تام**
ich werde kommen	werde gekommen sein
du wirst kommen	wirst gekommen sein
er, sie, es wird kommen	wird gekommen sein
wir werden kommen	werden gekommen sein
ihr werdet kommen	werdet gekommen sein
sie (Sie) werden kommen	werden gekommen sein

IMPERATIV **الأمر**

Komm!

Kommen wir!

Kommt!

Kommen Sie!

KONJUNKTIV **صيغة الاحتمال**

حاضر	**ماض تام**
ich (komme) käme	sei gekommen
du kommest	seiest gekommen
er, sie, es komme	sei gekommen
Wir (kommen) kämen	seien gekommen
ihr kommet	seiet gekommen
sie (Sie) (kommen) kämen	seien gekommen

ماض	**ماض تام**
ich käme	wäre gekommen
du kämest	wärest gekommen
er, sie, es käme	wäre gekommen
wir kämen	wären gekommen
ihr kämet	wäret gekommen
sie (Sie) kämen	wären gekommen

Die Korrespondenz
المراسلة

- **كتاب شكر**

Berlin, den 6. Januar 1993

Sehr geehrte Frau Zimmermann,

Ich möchte Ihnen herzlich für Ihr wunderbares Geschenk danken. Das Bild entspricht ganz meinem Geschmack und passt so gut zu den neuen Möbeln in meinem Wohnzimmer.

Meinen allerherzlichsten Dank

Mit verbindlichen Grüßen
Lotte Schäfer

برلين في 6 كانون الثاني 1993

االسيدة تسيمرمان المحترمة،

أحب أن أشكرك على هديتك الجميلة. إن الصورة توافق ذوقي وهي مناسبة للأثاث الجديد في غرفة الجلوس.
لك الشكر القلبي.

مع أجمل التحيات
لوته شيفر

• رسالة تجارية

H. Molz
Kantstraße 16

1000 Berlin 14

Berlin, den 2. Mai 1993

Verlag Peter Basten
Kurfürstendamm 10

1000 Berlin 20

Anbei übersende ich Ihnen einen Scheck über DM 23, für ein Jahresabonnement Ihrer Zeitschrift „Merkur".

Mit freundlichen Grüßen
Heinrich Molz

Anlage.

ه. مولتس
شارع كانت 16

1000 برلين 14

برلين في 2 أيار 1993

دار النشر بيتر باستن
شارع كورفيرستندام 10

1000 برلين 20

نرفق لكم ضمناً شيكاً بمبلغ 23 ماركاً من أجل الإشتراك السنوي في مجلة "ميركور".

مع أطيب التحيات
هاينريش مولتس

مرفق.

Schwarzkopf / Co.

Breite Straße 6

1000 Berlin 16

Berlin, den 30. September 1993

Firma

Paul Gerber / Co.

van Groothestraße 20

1000 Berlin 22

Ihre Anfrage 08.08.93

deutsSehr geehrte Herren,

in Beantwortung Ihrer Anfrage vom 10. D.M. bestätigen wir Ihnen gerne nochmals die Aufgabe der Sendung per Postpaket am 13. August.

Mit freundlichen Grüßen

Ersnt Schwarzkopf

شبارتس كوبف وشركاه

شارع برايته 6

1000 برلين 16

السادة المحترمون،

جواباً على كتابكم المؤرخ في 10 هذا الشهر نؤكد لكم أننا أرسلنا البضاعة في طرد بريدي بتاريخ 13 آب.

مع جزيل التحية

إرنست شبارتس كوبف

• رسالة شخصية

Frankfurt, den 7. März 2015

Lieber Helmuth,

Ich habe mich sehr über Deinen letzten Brief gefreut. Zunächst habe ich eine gute Nachricht für Dich. Anfang April beabsichtige ich zwei Wochen In Berlin zu verbringen. Ich freue mich schon sehr darauf, mit Dir und Deiner Familie zusammenzukommen, und hoffe, dass es Euch allen gut geht.

Irene begleitet mich auf dieser Reise. Sie freut sich sehr, nun endlich Deine Frau kennenzulernen. Auf diese Weise wird es uns gelingen, die berühmten Sehenswürdigkeiten des alten und des neuen Berlins zu besichtigen. Wir beide können uns lange unterhalten, wie wir es in der Schule immer getan haben.

Meine Praxis läuft ganz gut zur Zeit. Ich werde versuchen, nicht zu viele neue Patienten während des Monats April anzunehmen, obwohl ich glaube, dass es sehr schwierig sein wird. Neulich habe ich mich mit Müller getroffen. Er hat nach Dir gefragt und lässt Dich ganz herzlich grüßen. Man kann es kaum glauben, dass der „kleine Fritz" zwei Kaufhäuser und mehrere Restaurants besitzt.

Fast hätte ich die Hauptsache vergessen. Ich wäre Dir sehr dankbar, wenn Du mir ein Zimmer im Hilton Hotel für den fünften April reservieren könntest. Du tätest mir einen großen Gefallen.

Ich hoffe, bald von Dir zu hören. Grüße an Deine Frau.

Dein Klaus

فرانكفورت، في 7 آذار 2015

عزيزي هلموت،

سررت كثيراً لاستلام رسالتك الأخيرة. قبل كل شيئ لك عندي خبر سار، وهو أنني أنوي قضاء أسبوعين اعتباراً من اول نيسان في برلين. وما يفرحني كثيراً هو وجودي بين أفراد عائلتك. عسى أن تكونوا جميعاً بخير.

إن إيرينه سترافقني في هذه الرحلة وهي سعيدة لأنها ستتعرف على زوجتك. وبامكاننا كذلك التعرف على معالم مدينة برلين القديمة والحديثة. أما نحن فسنتاجذب أطراف الحديث كما كنا نفعل في المدرسة.

إن عيادتي تسير بشكل جيد، وسأحاول ألاّ أستقبل كثيراً من المرضى الجدد خلال شهر نيسان، مع أنني على يقين أن ذلك ضرب من المستحيل. لقد قابلت حديثاً صديقنا موللر، قد سألني عنك وهو يهديك تحياته. لا يمكن للمرء أن يتصور أن "فريتس الصغير" يملك مخزنين وعدة مطاعم.

على فكرة، كدت أنسى الشيء الرئيسي: سأكون لك من الشاكرين إن قمت بحجز غرفة لي في فندق هيلتون للخامس من نيسان. بهذا الشكل تكون قد قدمت لي خدمة كبيرة.

آمل أن أسمع أخبارك عن قريب. تحياتي لزوجتك.

صديقك كلاوس

• أسلوب التحية والمخاطبة

* الأسلوب الرسمي

السيد الأستاذ الموقر	Sehr geehrter Herr Professor,
السيد العمدة الموقر	Sehr geehrter Herr Bürgermeister,
السيد المحامي المحترم	Sehr geehrter Herr Rechtsanwalt,
السيد الدكتور الموقر	Sehr geehrter Herr Doktor,
السيدة شميت الموقرة	Sehr geehrte Frau Schmitt,
السادة المحترمون	Sehr geehrte Herren,
السيد بولفر المحترم	Sehr geehrter Herr Pulver,

* الأسلوب الشخصي

عزيزي كارل	Meine lieber Karl,
عزيزتي فرنسيسكا	Meine liebe Franziska,
حبيبي / حبيبتي	Mein Liebling,
حبيبي	Mein Liebster,
حبيبتي	Meine Liebste,
عزيزي فرانتس	Lieber Franz,
عزيزتي باولا	Liebe Paula,
أحبائي / أعزائي	Meine Lieben,

• أسلوب التحية والمخاطبة

* التحية الرسمية

مع جزيل الاحترام!	**Hochachtungsvoll!**
مع احترامنا المميز!	**Mit vorzüglicher Hochachtung!**
مع أطيب التحيات.	**Mit besten Grüßen.**
نودعكم مع أطيب التحيات.	**Wir empfehlen uns mit besten Grüßen.**
مع أطيب الحيات.	**Mit freundlichen Grüßen.**

* التحية الشخصية

مع تحية قلبية.	**Mit herzlichem Gruß**
تحياتي إلى والدتك.	**Bitte grüße Deine Mutter von mir.**
مع أجمل تحية إلى عائلتك.	**Meine besten Grüße an die Deinen.**
تحيات وقبلات إليكم جميعاً.	**Grüße und Küsse an Euch alle.**